岩波現代文庫／学術 368

新版 はじまりのレーニン

中沢新一

岩波書店

はじめに

私たちは、ようやく共産主義について、語りだすことができる。ようやく私たちは、レーニンの思想について、話しだすことができるようになった。

共産主義思想の現実化と言われたもの、レーニン主義を体現すると言われてきたもののすべてが、いまや解体した。器が壊れたのだ。だが、そのとき、器の破壊の瞬間に、そのなかからとびさったものを、私たちは見失うべきではない。

壊れたレーニン像を、組み立てなおそうなどとしてはいけない。私たちは、器が破壊されたことに、よろこびを見いださなくてはならない。そのとき、空中にとびたった、すばやい何ものかをつかまえ、それに別の形態をあたえるのだ。

この本を読む人は、ただレーニンがよく笑う人であったこと、動物や子供にさわることが好きな人であったこと、音楽を聴くとよろこびを感ずる人であったということだけを、予備知識としてもっていただきたい。そうすれば、彼の弁証法的唯物論も、彼の革命思想も、彼の「党」のことも、自然に理解できるように、この本は書かれている。

いや、むしろ、すべての先入観をすてて、ただそのことだけを予備知識として、この本を読んでほしい。そうすれば、レーニンがいかにかけがえのない、独創の人であったかが、理解されるはずだ。いっさいの誤解と無理解に抗して、仕事をおこなうのは、じつに楽しいことなのである。

はじまりのレーニン

目次

はじめに

ところで、紳士淑女諸君、血気にはやる若いモーセがこの意見に耳を貸して、あのような考え方を認めたとしたら、どうなったでしょうか。彼がこうべをたれて、あの不遜なる勧告にみずからの意志と、また精神さえも屈伏させてしまったとしたらどうでしょう。モーセが選ばれた民を奴隷の家から解放してやることなどけっしてありえなかっただろうし、昼日中から雲の柱を追って歩むこともなかったでありましょう。シナイ山の頂で、稲妻に包まれて、永遠者と言葉をかわすこともなかっただろうし、天啓の炎に顔面を照らされ、無法者のことばで刻まれたあの律法の石板を腕にかかえて山をおりることも決してありえなかったにちがいありません。

――ジェイムス・ジョイス『ユリシーズ』

革命の源泉としての唯物論
──新版のための序文

中沢新一

『はじまりのレーニン』(岩波書店、一九九四年)は、レーニンの著作『哲学ノート』を主人公として書かれた本である。『哲学ノート』はレーニンの著作中もっとも天才的な内容を蔵しており、いまだに古びていないという意味では、『国家と革命』と並んで独創性を保ち続けている書物である。

レーニンは唯物論をめぐる二冊の主著を著している。『唯物論と経験批判論』(一九〇九年)とこの『哲学ノート』である。このうち『唯物論と経験批判論』はロシア革命が起こる以前に西欧で出版され、亡命ロシア革命家たちに比較的よく読まれていた本であり、革命後はソ連公認のもっとも権威ある唯物論哲学の原典となった。

ところが『哲学ノート』のほうは、その存在が知られていたにもかかわらず、なかなか出版されなかった。ソ連の当局者はあきらかにその出版を渋っていた。ようやく一九三〇年になってそれは出版されたが、原形どおりではなく、何カ所にもわたる検閲がほどこされていた。ヘーゲルからの引用文のようにもともとドイツ語で書かれた部分は、ロシア語に意訳されて意味を薄められ、レーニン自身の言葉についても、「この文章の意味を文字通りに理解してはいけない。著者はむしろ逆のことが言いたいのである」などという編纂者の注記がいくつも挿入され、レーニンの意図を捻じ曲げる改変が加えられていた。『哲学ノート』に、ソ連時代の御用学者たちにはまことに都合の悪い唯物論哲学が書き込まれていたからである。

『唯物論と経験批判論』で展開されているのは、(私の言うところの)非対称性の唯物論である。それによると、物質とは人間の意識から独立して存在している「客観的実在」であり、それが人間の意識によって「模写」されるのであるという。物質がしめす客観的実在は人間の意識の外に分離されて実在する。意識はそれを模写することによって、自分の内部に情報を取り入れるのであるから、物質と意識(精神)はたがいに相手の中に入り込んで、相手を変化させたりすることがない。このように考える唯物論においては、物質と精神の間につねに非対称な関係が設定され、精神には物質的現実からの一方的な働きかけがあるだけで、両者の間に重々無尽な相互貫入はおこらない。

ところが『哲学ノート』のレーニンは、そのような唯物論を自ら否定し、乗り越えようとしている。『唯物論と経験批判論』を書いてから数年後、レーニンはベルン図書館に引きこもってヘーゲルの勉強に打ち込むことになった。その勉強がレーニンの唯物論を根底から変えたのである。彼は物質と精神のつながりについて、以前とは比較にならないほどに深化した理解をしめすようになった。

「愚かな唯物論よりも賢明な観念論の方が賢明な唯物論に近い。より正しく言えば、賢明な観念論とは弁証法的な観念論であり、愚かな唯物論とは、形而上学的な、発展のない、生命のない、生硬な、運動のない唯物論である。……客観的観念論は(そして絶対的観念論はいっそうそうだが)まがりくねり(そしてとんぼがえりをうって)唯物論のすぐ近くへ近づき、部分的には唯物論に転化している……」。

このように書くとき、レーニンの唯物論はヘーゲルの絶対的観念論と「とんぼがえりをうって」ひとつにつながろうとしている。物質と精神が同じ脈動をもって運動している「客観的実在」の中では、物質と精神の間にはある種の対称性が実現されている。さらに言えば、物質と精神との間には「客観的実在」を介して、重々無尽な交通がおこなわれることになる。こういうことを考えはじめていたレーニンは、『唯物論と経験批判論』のレーニンを否定的に乗り越えてしまっている。

つまり、唯物論に関して「二人のレーニン」が存在するのである。いっぽうには物質的実在に唯一の客観性のよりどころを与える『唯物論と経験批判論』の唯物論があり、もういっぽうには物質と精神が「とんぼがえりをうって」ひとつながりになる客観性のレベルを認める、『哲学ノート』のレーニンである。『唯物論と経験批判論』に展開された非対称性の唯物論は、その後おおいに権威を与えられ、『哲学ノート』に書きつけられた対称性の唯物論のほうは、なるべく人々の注目が集まらないように、権威による巧妙な隠蔽が図られた。

私が「はじまりのレーニン」として描き出そうと試みたのは、『哲学ノート』に表現された(私の言うところの)対称性唯物論を思考するレーニンと、政治的実践との関係である。じっさいロシア革命の初期には、多くの鋭敏な人々がレーニンの中にそのような唯物論のめざましい発動を見出し、鼓舞されていた。トロツキーがそういう鋭敏な人物の一人であり、レーニンの笑いの中に、動物や子供にたいする繊細な動作の中に、敵をうちのめす打撃法の中に、あるいは演説にあらわれた言語運用の中に、生硬で生命のない唯物論のまさに正反対にある、思考と生命が重々無尽に行き交う、生き生きとした真の唯物論の表出を見ていたのである。

ロシア革命を熱烈に支持した多くの人々、とりわけ詩人や芸術家たちがレーニンの中に見ていたのも、そういう唯物論の魅力であった。彼らはレーニン的唯物論の中に、芸術的創造に真の「現代」を開いていくための、力強いインスピレーションの源泉を見出していた。硬直した観念や形式を突き破っていくためには、宗教の束縛や社会的通念から徹底的に自由でなければならなかった。そのためには彼らには唯物論が必要だった。しかも唯物論が開く物質的領域は、創造的な精神の働きと相即相入しつつ、新しいフォルムを生み出せる能力をそなえているはずだ。「ロシア・アヴァンギャルド」と呼ばれた革命ロシアに一時期花開いた芸術運動には、レーニン的唯物論の精神が浸透していた。

マヤコフスキーによるつぎの有名な詩には、そういうレーニン的唯物論とのあざやかな呼応を見てとることができる。

ひとびとは　こぶねだ、
おかに　いるとしても。

その　ときを
すごすうちに

たくさんの　いろんな
きたない　かいがらが

わたしたちの
よこばらに
へばりつく。

6

そこで、
あれる　あらしを
つきぬけたあと、

太陽のそばに
すわりこみ、

海草の
あおい　ひげ、

くらげの
あかい　ねばを
あらいさる。

わたしは
じぶんを
レーニンのもとで　きよめる、

革命　めざし、さらに
およぎゆくために。

(国民文庫　四四七、ウサミ　ナオキ訳『叙事詩　ウラジーミル
イリーチ　レーニン』大月書店、一九七七年より)

人間の文化は、物質と精神がたえまない相互貫入をおこなっている「客観的実在」に触れることによって、新しい生命を吹き込まれることになる。そのとき古い文化は亡び去って、新しいプロレタリア文化の形式が立ち上がってくる。そんなことを本気で考えていたロシア革命の初期を担った人々の思考の中では、唯物論は創造を縛るものではなく、むしろ創造の源泉である「客観的実在」への通路を開くもの、同時代のフランスのシュールレアリストたち言うところの「野を開く鍵」にほかならなかったのである。

ところがこのような「哲学ノート」的レーニンの唯物論が活動できたのは、わずか数年の間のことであり、そののちロシア革命の現実はひたすら、それを否認する方向に突き進んでいった。これについてはトロツキーをはじめとする多くの人々の証言がある。したがってこうも言える。ロシア革命の原点をかたちづくったのはレーニンが『哲学ノート』に断片的に書き付けた唯物論の思想であったが、それはすぐに見えないものにさ

れてしまったのであると。私はそのようなレーニンの成熟した唯物論の考えを、「はじまりのレーニン」として、もういちど忘却の土中から掘り出そうとこころみたのである。

それにしても、『はじまりのレーニン』というこの本が書かれた当時は、レーニンの像がそれまでまとっていたあらゆる権威は、文字どおり地に墜ちてしまっていた。残されたのは、もう誰も読まなくなった『レーニン全集』、収容所列島ソ連の創設者としてのレーニンをめぐる非難と中傷の嵐。もうレーニンのことなど忘れてしまおう、というのが、その頃世界中の合言葉だった。レーニンはヒットラー、スターリン、毛沢東なども入っている「世界史の極悪人」を集めた歴史博物館の陳列棚に放り込まれていた。

そういう時代にレーニンについての新しい本を書くなどというのは、勇気のいることだった。ましてや私はこの本の中で、レーニンの唯物論思想はいまだに新しくかつ革命的だと主張したのであるから、世の憤激を招くことをはじめから覚悟しなければならなかった。しかしそれでも私はこの本をどうしても書かなければならないと思った。

一つのきっかけは、ソ連崩壊の直前に訪れたモスクワのプーシキン広場で見た印象的な光景であった。雪解けでぬかるんだ広場には長蛇の人の列ができていた。その列の先頭はと見ると、そこにはマクドナルドのロシア一号店の建物があり、人々は競ってピンク色のミルクシェイクを注文していた。私の目はその建物の上の看板の絵に釘付けになった。看板には、赤い大きなMの文字が足元にソ連の国旗を踏みつけるようにして、描かれていた。

そのMはもちろんマクドナルドのMなのだろうが、私にはそれが物質(Matter)のMにも見えたし、母(Mother)のMであるようにも見えた。「これからこの国には、怒濤のような勢いで資本主義という物質主義・拝金主義の風潮が流れ込んできます」と、その絵はロシア人に告げていた。それはまた、「人類を資本主義という豊穣なナイルの岸辺を捨てて、社会主義という貧しい砂漠への脱出へと連れ出した、二十世紀のモーセたるレーニンの意思にみなぎる父性を否定して、ピンクのミルクシェイクが象徴する母性的な偶像へと、あなた方はようやく戻ってくることになりましたね」とも語っているように思えた。


唯物論によって打ち立てられた国が、資本主義という物質主義の前に、崩れ去っていこうとしていた。しかし、ソ連をつくった唯物論(『唯物論と経験批判論』の唯物論)とマクドナルド的物質主義との間には、ひとつの共通性がある。それはどちらも、物質と意識との間に分離を生み出し維持し続ける非対称性の原理が、強力に作動しているという点である。それを考えると、ここに起こっているのは、同じ「物質主義」の内部に起きた長年の抗争に決着がついたというだけの話で、どちらの体制にあっても、人間の意識は生動性を失った狭苦しい「人間性」の内部に閉じ込められたままである。

私たちはこれから、貨幣資本という観念のアスファルトの上で際限もなく続けられる物質主義の独裁にたいして、『哲学ノート』の唯物論をもって立ち向かっていかなくてはならない時代に突入した、とそのときプーシキン広場で私は思ったのだった。『はじまりのレーニン』の考えた唯物論は、観念ばかりか物質さえも破壊する力を秘めている。この唯物論は「客観的実在」なるものは実在し、人間はからだとこころの統一体をもって、そこに踏み込んでいくことが可能であると主張する。これはいまだに新しい思想ではないか。

（二〇一七年八月十五日）

第一章　ドリン・ドリン！

1

少年時代にはじめてレーニンの伝記を読んだとき、私は笑うレーニンの姿に、強くひきつけられた。あれはたしか、クルプスカヤによるものと、ゴーリキーによるものだった、と思う。そこには、文字通り、レーニンの笑いが充満していた。私はそれだけで、その人が好きになった。私がいまにいたるまで、たとえ他人がなんと言おうと、レーニンにたいする共感や興味を持続してきたのは、ひとえにこの笑いのせいなのだと思う。

レーニンはじつによく笑い、その笑いは、彼の周囲にいた人々に、強い印象をあたえたのである。そのために、生きたレーニンをじっさいに知っていた人々の著した、彼の思い出をいま読みなおしてみても、私たちはそこに、このロシア革命の指導者のからだを波打たせ、揺すりあげていた、独特の笑いについての記録を、いたるところに発見することができるのだ。

「彼はおどけたものが好きだった、彼はからだ全体で、ほんとうに「波を打たせて」、陽気に、ときには涙まで浮かべて笑った」。ゴーリキーによる表現だ。(1) 笑うレーニン——それはたとえば、つぎのような光景であった、と想像される。

一九〇四年の春頃、レーニンと妻のクルプスカヤは、スイスのジュネーブに亡命生活を送っていた。彼のもとを訪ねて、ロシアからさまざまな人々がやってきた。あるとき、ペテルブルクの労働者組織を代表して、バロン(殿様)とあだ名されていた、一人の青年がやってきた。レーニンは彼の話に聞き入った。こうして、彼のもとに直接届けられるロシアからの情報こそ、彼の思考にとって、第一級の重要性をもつものであったからだ。

バロン青年が語る。「われわれはいま、集団をもとにして組織をつくっています。われわれはそれぞれに集団をつくりました。プロパガンディスト(宣伝者)の集団に、アジテーター(煽動者)の集団、それにオルガナイザー(組織者)の集団です」。

レーニンは例によって、「フム、フム」とつぶやきながら、彼の話を聞いたあとで、こうたずねた。

「プロパガンディストの集団というのは、何人でできているんだい?」

「いまのところは、僕一人です」。青年はちょっとうろたえながら、答えた。

「少し少ないようだね。ではアジテーターの集団は?」

バロンは耳のねもとまで真っ赤にして、答えた。「いまのところは、やっぱり僕一人だけなんです」。

ここでレーニンの笑いが爆発した。それはどはずれた笑いだった。からだをはげしく波打たせ、目には涙を浮かべながら、彼の笑いはとどまるところを知らなかった。その笑いは、人にも伝わった。顔を真っ赤にして、はずかしそうにうつむいていた、ペテルブルクの青年も、彼の笑いにつりこまれて、大笑いをはじめた。そして、青年が笑い疲れて、顔をあげたとき、レーニンはまだ、テーブルの下に顔を隠して、笑いつづけているのだった。(2)

子供といっしょにいるときのレーニンは、ほとんどいつも笑っていた、とクルプスカヤは報告している。シベリアに流刑されていたときも、西欧に亡命していたときも、彼の家には近所や知り合いの子供たちが、しょっちゅう遊びにやってきていた。子供たちが訪ねてくると、いそがしくしているときでも、レーニンは仕事を中断して、子供と冗談を言い合ったり、一緒になって笑いころげた。子供が笑うことに、レーニンも笑った。レーニンの冗談は、子供をよろこばせた。

動物といっしょにいるとき、彼のからだはいつも、声をたてずに笑っていた。レーニンは犬と猫を飼っていた。読書をしている彼のひざには、しょっちゅう猫が眠っていたし、政治会議のさなかに、彼の足に飼い犬がじゃれている写真もある。動物をいじっていると、やや猫背ぎみの彼のからだに、くすくす笑いが充満しているのを、クルプスカヤは見ていた。動物のからだのなかで生きているものに、直接触れているとき、レーニンの肉体には、柔らかな笑いの振動が生まれ出てくるのだ。それは、子供の精神や、素朴で単純な人間の魂といっしょにいるとき、レーニンのなかにこみあげてきた笑いと、まったく同質のものだった。「大衆の笑いは、いつもレーニンの笑いと一致した。福音書のことばをつかえば、彼は心の単純を愛した[3]」のである。

子供、動物、笑う大衆。ここで福音書が「心の単純」と呼んでいるものを、トロツキーにならって、「自然」といいかえることもできる。つまり、レーニンの精神は「自然」に近くあるものを愛し、その「自然」のしなやかな動きが、彼の精神に直接的な接触をおこし、侵入をはたすとき、彼のからだに、あのばか笑いが吹き出してくるのだ。ここに、レーニンの唯物論思想の核心がひそんでいると思うのは、私だけではないと思う。

2

じっさい、「レーニンの笑い」に魅了されていたトロツキーは、それについてほかの誰よりも鋭く深い、哲学的な洞察を加えた。彼はとても明敏な文学的感受性の持ち主であったために、一人の人間の内部に発生する笑いの質を見て、その人の思想の本質を、洞察することができたのである。それをおこなうために、トロツキーはまず、作家ゴーリキーが記録している、カプリ島におけるレーニンの行動に、目をむける。

ジュネーブ亡命時代、レーニンはゴーリキーから、カプリ島の彼の別荘へやってこないか、という誘いを、しきりに受けていた。当時すでにレーニンは、同じボリシェヴィキである哲学者ボグダーノフと、はげしく対立しあっていた。そのボグダーノフがカプリに滞在していて、ゴーリキーは親切にも、自分の仲介で、二人をその地で和解させようとしていたのである。良心的な作家の下心を考えると、レーニンはどうしても、気がすすまなかった。しかし、とうとう誘いに負けて、彼はカプリ島にでかけた。一九〇五年五月のことである。

カプリ島には二、三日しか滞在しなかった。当然、ゴーリキーがもくろんだ和解も、実現しなかった。ジュネーブにもどってきたレーニンは、今度の旅について、あまりクルプスカヤに話そうとしなかった。彼はボグダーノフやゴーリキーとの対話のことよりも、やれカプリ島のワインはうまかったとか、チェスやボート遊びが楽しかったとか、海が美しかったとかの話しかしなかった。妻は、それでだいたいの事情をのみこんだ。ようするに今度の旅は、退屈なものだったんだな、と。

しかし、その旅のさなか、レーニンの顔が、唯一すばらしい輝きを見せた瞬間があったのだ。ゴーリキーはレーニンを誘って、ある日海釣りに出かけた。知り合いのイタリア人の漁師たちにまじって、手釣りを楽しもうじゃないか、というのだ。彼らはすぐに、海岸へでかけた。磯には漁師たちが待っていた。とても感じのいい漁師たちだった。彼らは、手釣りははじめてだというレーニンに、やり方を教えた(彼はイタリア語を理解したのだ)。

「いいかね。はじめにあたりがきて、釣り糸が〝ドリン・ドリン〟したら、すぐに釣り上げなきゃあならねえ。〝ドリン・ドリン〟だ。わかったかね」。

「フム、フム」と言って、レーニンは釣り糸を垂れた。しばらくして、最初のあたりがきた。レーニンはすばやくころあいをみはからって、釣り糸を一気にひきあげた。針にかかった地中海の魚が、勢いよく、空中におどりだした。レーニンの顔が、喜びに輝いた。彼は子供のようにはしゃいで、熱狂的にこう叫んだ。

「ああ、ドリン・ドリン」。

ここがいい、ここにレーニンの生きた一片がある、ここに彼の精神の核心があらわれている、とトロツキーはつぎのように書きつけるのだ。

魚を釣りあげる、えものをとるという目的を達するための全人間的な、この情熱、この活気、この緊張——「ああ、ドリン・ドリン！　これだ、これだ」——これは魚断ちの「義人」とか、「〔ロシア革命の〕育ての父」とかいわれたものとは、まったくちがう。これが個人としての、彼自身の部分におけるレーニンだ。レーニンが魚を釣りあげて、熱狂して叫ぶとき、彼が自然にたいしていだいている熱愛がわかる、彼は自然に近いすべてのもの、子ども、動物、音楽を愛した。この強力な思考機械は、思考のそとにあるもの、科学的探求のそとにあるものに、ごく近くにいた

のだ。原始的で言語であらわせないもののごく近くにいたのだ。(4)

魚を釣りあげた瞬間のレーニンの、「ドリン・ドリン！」という喜びの叫びの中に出現しているものこそ、このおどろくべき、「原始的で言語にあらわせないもの」にほかならない、とトロツキーは語る。この洞察はおどろくほど正確で、深いものである、と私は思う。

レーニンという強力な思考機械は、たしかに思考の外にあるもののごく近くで、しばしばそれに直接的に触れながら、作動していたのだ。それは、物質の未知の領域に挿入された、科学的な実験装置のように、人間の言語や思考の中にまだ組み入れられていない領域に、直接に触れている。レーニンの思考のセンサーが接触しているものは、哲学の概念でつかまえることもできないし、言語で表現することもできないが、それは彼の思考に、確実な手応えをあたえている。釣り糸にかかった、地中海の魚のように、それは見えない海中で、ぴちぴちとびはねる動きをみせている。そこだ。ドリン・ドリンだ。釣り糸を引きあげろ。「原始的で言語にあらわせないもの」が、一気に空中に躍り出る。つきあげる喜び。はじけとぶ笑い。

これが、レーニンの考える「実践」の原型だ。実践とは、「自然」にたいする熱愛の別名なのだ。彼は、子供や動物のそばにいるとき、音楽を聞いているとき、自分の思考機械が、そのような自然のごく近くにいるのを、感じとることができた。子供のしなやかなからだやものの考え方をとおして、あるいは、動物の柔らかい毛のはえたからだから、思考の外にあるものが、静かに、優しく、出入りをくりかえしている。音楽は自然の音を、直接的に構造化する。音楽の中では、論理と自然が一体になっている。だから、それはより生命に近い、表現の機構なのだ(ヘーゲルは『大論理学』の中で、「直接的な理念は生命である」と書いていて、レーニンはその言葉に深い共感をしめしている。生命と音楽の存在構造のあいだには、本質的なつながりがあるのだ)。子供、動物、音楽。それらすべてに、ドリン・ドリンの快楽と、愛と、喜びがある。

じっさい、レーニンは子供のからだを愛撫したり、動物のからだをいじったりするのが好きだった。それも独特のやさしさと、デリカシーをもって愛撫するのだ。その様子は、ゴーリキーにも、強い印象を残した。彼は書いている。「彼は子供をやさしく愛撫した、軽快で、デリケートでまったく特殊な仕草だ」。同じことは、他の人たちも感じていた。かたくてやさしく、軽快にすばやく、かつデリケートに。レーニンの愛撫。それは、弁証法的唯物論の「実践」としての愛撫なのだ。それについては、トロツキーが書き残している、つぎのようなエピソードほど、深い興味をかきたてられるものはない。ここは、彼の名文によろう。

レーニンのなかに動物がひきおこす興味について、私はあるエピソードを思いだす。宣言を起草する委員会でチンメルワルドに集まったときだった。山村で会議をそとでやった。庭で円卓をかこんでいた。あまり遠くないところに、水道の蛇口の下に、水のいっぱいはいった水槽があった。会議(それは午前中たっぷり一時間かかった)のすこし前に、大ぜいの代議員は、でかけていって水槽で水をあびた。フリッツ・プラッテンは、まるで自殺でもするように、頭からさきに、ベルトのところまでからだを水につっこんだ。会議の参加者はたまげたものだった。

委員会の仕事のスピードはつらかった。あちこちで摩擦があった。おもにレーニンと多数とのあいだだった。そのとき二匹の犬がはいってきた。なに犬だったかいえない。そのころ私はそんなことを全然知らなかった。家主の犬にちがいなかった。午前の陽の下で犬は静かに砂のうえでたわむれはじめた。ウラジーミル・イリイッチは、突然、椅子から立って、土にひざをついて、笑顔でゴーリキーの表現でいえば、やさしく、デリケートに用心して、つぎつぎと犬の腹をさすりはじめた。彼にしてみれば、この動きはまったく自然におこったものだった。この動作はいたずらで彼の笑いは無頓着で子どものようだったと誰でもいいたくなろう。彼は、みんなにこのたのしい気晴らしに仲間入りしないかというような目つきで委員会のほうにふりむいた。みんながある驚きをもって彼をみたように思えた。誰もが、まだ重大な討議にかかりきっていたからだ。レーニンはまだ犬にサービスをしていたが、だんだんと冷静になり、やがてテーブルにかえってきて、そんな宣言に署名はしないときっぱりいった。争いはまたいっそうはげしくなった。いま私は自分にいいきかせるのだが、この「気晴らし」は、彼の思考のなかで、承認と拒否の動機をまとめ、ある決断をするためにきっと必要だったのだろう。だが、彼はそれを計算でやらなかった。彼のなかで意識下にあるものが、意識とまったく調和しながらはたらいたのだった。(5)

一九一七年一〇月の決断もふくめて、レーニンの決断はすべて、この意識と無意識の接触面でおこなわれたのだ。ドリン・ドリン! 魚の生命と人間の技術が接触をおこす、釣り針の先。やわらかい犬の腹に触れる、デリケートな手のひらの上。子供の頭をなでる手のひらが、毛髪に接触をおこすところ。ある音が別の音に移行していく、音楽が実現する一瞬一瞬の「間」。そこで、人間の意識は、自然と生命と無意識のしめす、思考の外のしなやかな「客観」の運動に触れる。そのとき、「客観」がレーニンになにかを告げる。彼は決断する。いったん決断したら、どのような反対、どのような批判、どのような罵倒に出会うことになろうとも、彼は動揺しない。彼の手のひらはかたく、かつやわらかかったのである。

3

しかし私は、レーニンの笑いには、おそらくトロツキーが完全には理解することのなかった、もっとおそろしく、さらに深い、別の側面があったのではないか、と長いこと感じてきた。そういう印象をいだいたのは、クルプスカヤによる『レーニンの思い出』を、はじめて読んだときのことである。彼女はそこで、自分が二五歳のレーニンにはじめて出会った日のことを、克明に記録している。そのときも、レーニンは笑っていたのである。

それは、一九世紀末のペテルブルクにおける、謝肉祭の晩のことだった。この大都市のマルクス主義サークルに属する数人の若者が、お祭りの晩を利用して、秘密の会合を開いていた。そこへ最近ヴォルガ地方からやってきた、ウラジーミル・イリイッチという青年があらわれたのである。

彼の存在は、ペテルブルクのマルクス主義者の間では、すでにちょっとした評判になっていた。彼はマルクス主義の理論を具体的な場面にむすびつけ、また具体的な状況を分析して、そこから生き生きとした理論をひきだしてくることにかけて、並々ならぬ才能をみせていたのだ。その晩、この会合に集まったみんなが、この青年に関心をもっていた。二七歳の女教師クルプスカヤもまた、知的な女性らしい無関心をよそおいながらも、この青年の語ること、おこなうことを注視していた。

話題はあまりはずまなかった。みんなの意見がなかなか一致しないのだ。そのときなかの一人が、我々はまず文盲退治委員会で活動し、労働者たちの知識を向上させることにとりかかるべきだ、と発言した。それを聞いたとたん、ウラジーミル・イリイッチが、笑い出したのだ。そして、こう言った。「けっこう。文盲退治委員会で祖国を救おうとするお方は、さあ、どうぞ、ちっともじゃまなんかしませんよ」。

それはそれはいじわるで、悪魔的な、おそろしい笑いだった。クルプスカヤは、ぞくぞくするものを感じた。人間のこんな笑いを、彼女はいままで見たこともなかったからである。それはすでにシニカルな冷笑をこえていた。冷笑の背後には、知的な優越感がある。つまり、シニカルな冷笑にあっては、ひとつの「主観」が、自分よりも未熟な、あるいは劣った別の「主観」を、優越感で笑うのだ。

ところがウラジーミル・イリイッチのこのときの笑いのなかには、笑っている「主観」すら、存在していないように感じられた。そうではなく、そこでは、知識人の良心やらセンチメンタルな自己満足やらを発揮している「主観」にむかって、なにかとてつもなく「客観的」なものが、破壊的な冷水をあびせているような感じなのである。ウラジーミル・イリイッチのからだをとおして、「主観」の外部に広がるなにかの力が、意識のなかにあふれだし、それが「主観」の良心を吹き飛ばしてしまおうとして、笑っていた。それが、クルプスカヤの体験した、最初の「レーニンの笑い」であった。(6) レーニンのそんな笑いを見たのは、それが最初で最後で、そののち二度と、彼女の前では、彼はそんな笑いを見せることはなかった、と彼女は書いている。しかし、私たちは、レーニンがそれよりもはるかにものすごい、悪魔的な哄笑に、全身を波打たせている、おそるべき光景を知っている。そのとき、彼のからだから噴出する「客観」は、テロリズムのなかに存在する、命知らずの破壊的な「主観」をむこうにまわして、その破壊者を破壊すべく哄笑していたのである。

一九一八年七月、モスクワのボリショイ劇場で開かれた第五回ソヴィエト大会の席上のことである。十月革命によってすでに政権を奪取した、レーニンとトロツキーの指導するボリシェヴィキは、ドイツとの単独講和を、しゃにむに実現しようとしていた。レーニンはドイツとの講和を、ぜがひでも必要としていたのである。生まれたばかりのソヴィエトは、あらゆる方角からの敵に包囲されはじめていた。日本軍はシベリアを急襲して、ウラジオストクを占領していた。ドイツ軍は、フィンランドのソヴィエト革命に徹底的な弾圧を加え、ロシア海軍を粉砕しながら、ウクライナ全土、クリミア、黒海沿岸を占領していた。英仏軍はムルマンスクに、すでに上陸していた。チェコ軍も反ソヴィエトに立ち上がっていた。外国からの干渉軍に刺激されて、ロシア内部の反革命勢力も、いきおいづいていた。彼らはロシアの穀倉地帯であるウクライナを、モスクワやペテルブルクのような、北ロシアの革命の中心地から遮断する作戦に出た。

ソヴィエトは飢えていたのである。レーニンは、もともとが貧弱で、戦争と革命で破壊された全国の産業の国有化を宣言した。貧農委員会に呼びかけて、都市の労働者に食べ物をあたえるために、豊かな農民から食糧を徴発するように命令した。ボリシェヴィキ政権は、以前にもまして憎悪された。いたるところで反乱が勃発し、陰謀がめぐらされていた。

だが、レーニンはそのとき、生まれたばかりの革命の「子供」を育成することにのみ、全力を投入したのである。あらゆる困難、あらゆる憎悪、あらゆる種類の妨害をはねのけながら、この勇気のある父親は、「子供」を守りぬこうとした。そして、最大の危険をとりのぞくべく、第一次大戦によって発生した戦争状態を停止するために、ブレストリトフスクにおいて、ドイツとのあいだに単独講和条約を結んだのである。

この「講和」は、ロシア人にかつてなかったほどの、屈辱と精神的苦悩をあたえることになった。講和が締結されて、ドイツ軍はウクライナで、大手をふって、反ドイツの愛国主義的なゲリラたちを、たたきつぶしていた。ウクライナ人のゲリラたちは、苦しんでいた。しかし、レーニンは、国境ごしにこの苦しみを見つめていた赤衛軍に、ぜったいにドイツ軍に手をだしてはいけない、ときびしく命令したのである。ロシア人のナショナリズムは、この講和によって、ひどく傷つけられた。とりわけそれは、十月革命のはるか以前から、爆弾を手にして、ロシアのツァーリとたたかってきた、古いナロードニキ型の革命家たちを憤激させた。エス・エルに結集していた彼らは、レーニンの政策にはげしく、強硬に反対して、たとえいま進行中の革命を危険にさらしたとしても、ウクライナの仲間たちと、ロシアのプライドを死守すべきである、と主張したのである。

七月五日、ボリショイ劇場の演壇に、マリア・スピリドーノヴァが立って、演説をはじめた。場内は息をのんだ。エス・エル左派の指導者であったこの美しい女性は、まだ二九歳の若さだった。会場にいた誰もが、彼女の革命家としての、すさまじい過去を知っていた。彼女は、一九〇六年に、まだ女学生だったころ、マフにピストルをしのばせて、駅のプラットホームに立っていた。そしてタンボフ県の農民一揆の「調停者」ルジエンスキー将軍が列車から下りてきた時、彼女は党の命令にしたがって、彼を狙撃し、その場で射殺したのである。彼女はすぐに自殺をはかった。しかし、かけよってきたコサックたちにピストルをもぎとられ、ひったてられ、そしてレイプされたのである。彼女はいったんは死刑を宣告された。しかし、国民がこれに怒りの意志表示をした。ツァーリは折れて、彼女を終身懲役に減刑した。彼女はシベリアで一一年をすごし、二月革命とともに自由をえて、エス・エルの指導者となって、モスクワにもどってきた。

ひっつめ髪に、鼻眼鏡をかけたりはずしたりしながら、スピリドーノヴァは猛烈ないきおいで、レーニンとボリシェヴィキを攻撃した。「彼女は明らかにいらだっていたし、彼女の演説は、単調でもあった。しかし、演説に熱中してくるにつれて、彼女は、ヒステリックな情熱を示し、それがまたかなりの感銘を与えるものであった……彼女は、彼女の演説のリズムに調子を合わせて、その右手を振りながら、激しくレーニンを攻撃した……「農民たちを裏切り、自己の目的のために彼らを利用し、彼らの利益には何ひとつ奉仕していないあなたを、私は告発します」……「すべての農民たちが辱しめられ、抑圧され、鎮圧され続けるなら……昔私が手にせざるをえなかった、あの同じピストルを、同じ爆弾を再び私は手にせざるをえないでしょう」(7)。

彼女は、古いタイプの革命家の、すべての情熱と威厳と憑依をもって、はげしい口調で演説をつづけた。場内には、異様な熱気が広がった。裏切り者！　軍国主義者！　ナポレオン主義！　新しいケレンスキー！　ありとあらゆる罵声と野次が、演壇のわきに座っているレーニンとトロツキーにむかって、投げつけられた。威嚇され、罵倒され、二人は追い詰められていた。だが、そのときに、レーニンはまたもや笑いだしたのである。興奮していた多くの人々は、このときのレーニンの笑いに、注目していなかった。しかし、その場に一人の冷静な観察者がいた。メンシェヴィキの代議員サドゥールである。彼は後年、そのときの光景を、つぎのようにあざやかに描写した。

レーニンは立ちあがる。彼の奇妙な、半人半獣神《フォーン》に似た顔は、例のように、静かであざけるようである。悪罵、弾劾、直接的な威嚇にさらされながら、彼は笑うのをやめず、やめそうにもない。この悲劇的な事態のなかにあって、彼の事業も、意図も、生命も、すべてが危機に瀕しているのを知っている彼の、その茫洋として純粋な、巨大な哄笑は、場ちがいであると見る人たちもあるだろうが、私には異常な力の印象をあたえる。ときどき……一だんとはげしい罵詈が、ほんの一瞬その哄笑を凍らせる。敵手にとっては、途方もなく屈辱感をそそり、憤ろしさに狂い立たせる哄笑である……

レーニンの側で、トロツキーも、笑おうとする。だが、怒りと、激情と、興奮のために、彼の笑いは苦しげなしかめ面に変る。とたんに、活気に満ちた表情ゆたかな顔は、消えう(8)せていく……メフィストフェレス風な、すさまじいマスクの下に消えてゆく。……

このとき、トロツキーの顔がたびたびゆがんだのは、彼が心中に葛藤をかかえていたからである。彼は赤衛軍の最高指揮官として、ナショナリストの挑発を、きっぱりとしりぞけなければならない立場にあった。しかし、彼はレーニンほどには、ドイツとの講和こそが革命の唯一の救いであるという、強い確信をいだくことができなかった。それに彼の文学的な精神は、その琴線に触れるスピリドーノヴァたちの情熱を、完全に払いのけてしまうだけの冷酷さを、もってはいなかった。彼の心は、このとき少なからぬ葛藤をかかえていたのである。そのために、はげしい罵声や威嚇があびせられるたびに、トロツキーはそれに耐えるために、その顔を苦しげにゆがめながら、笑わなければならなかった。

ところが、レーニンは、このような破滅の予感の前に立たされながらも、なんの動揺をしめすこともなく、革命の運命と自分自身の生命が巻き込まれている、その状況の全体にむかって、哄笑をあびせることができた。悲劇的な事態のまっただなかで、彼は「茫洋として純粋な、巨大な哄笑」に、そのからだを波打たせていたのである。

私は、このレーニンのおそるべき笑いのことを考えるたびに、つぎのようなニーチェのことば、「悲劇的自然が滅び去るのを見ながら、なおそれを笑う力をもつこと、これこそが神的である」を思い出すのだ。いや、「神的」ということばがレーニンにふさわしくないとしたら、バタイユによって言いかえられた、つぎのような表現に変えてもよい。

じっさい、固有の意味で悲劇的なものの体験を、それを笑いうるまでに照らし出すときから、いっさいは軽くなり、単純になり、いかなる苦痛の響きをもともなわず、

克服されたものとして以外にいかなる情動に訴えることもなく、いっさいは言い表しうるようになるのでしょうから。(9)

革命は、あらゆる意味で「悲劇的」だ。革命の中で、革命をとおして、それまで世界の表面にあらわれてくることのなかった、いっさいの矛盾が、むきだしのかたちで、表面にあらわれてくる。矛盾ははげしい闘争のかたちをとり、どのような意識の安定をも凌駕してしまう、過剰した力は、おたがいにぶつかりあう。それをとおして、人間のつくりあげる社会的意識は、その外部にみなぎるディオニュソス的な「自然」に触れるのだ。そのとき、なじみ深かったもの、心をなごませてくれていたもののすべてが、滅び去っていく。それをさえ、笑う力をもつこと。ニーチェは、その力を「神的」とよんだ。ボリショイ劇場に渦巻く怒号のなかで、レーニンは、まさにそのような笑いを笑っていたのである。

4

つぎのように語るとき、ジョルジュ・バタイユの「非－知」としての笑いの理論は、笑うレーニンとその唯物論思想に、かぎりなく近い地点に立っているように思われる。

笑わせるものは、知られていない（未知）というだけでなく、知りえぬもの（不可知）だと考えてみましょう。ここになお検討すべきひとつの可能性があるのです。笑わせるものとは単純に知りえぬものなのかもしれない。いいかえれば、笑わせるものが知られていないというのは、たまたまそうなのではなく、笑わせるものの本質的な性質なのかもしれない、と。私たちが笑うのは、ただ情報や検討が不充分なために私たちが知るにいたらないといった性質のもつ何らかの理由のためではなく、知らないものが笑いを惹き起こすからこそ笑うのです……私たちの内にもまた世界の内にも、何かおのずから顕れるもの、認識によっては与えられることのなかったもの、ただ認識によっては到達できないようなかたちでのみ位置を占めている、そんなものがある。私たちが笑うのは、まさにそのようなもののためなのだと思われます。[10]

人間の意識が、未知のもの（まだ知られていないけれど、認識のこのままの延長上で、知られるものとなるはずのもの）ではなく、知りえないもの（このままの認識をいくら拡大しても、知られるものとはならないもの）に触れ、それが意識のなかに侵入をはたすとき、人間は笑うのだ、とバタイユは考えている。彼はこの笑いの思想を、キリスト教思想の極限で発見した。あるいは、ヘーゲルの体系の縁にみいだした。それによって、バタイユは、笑いというものを、人間的なものの根底が、人間的ならざるものに接触と結合をおこす、精神の境界面上に、位置づけようとした。その考えをもっと深めていくと、笑いは形而上学の極限に立って、形而上学が崩壊をおこしはじめる崖っぷちに発生する現象であり、そういう笑いを自分の哲学の中心にすえるとき、笑いとしての哲学は、形而上学的な哲学と、それをベースにしてつくられてきた、西欧の宗教や政治や哲学の思想すべての、おそるべき解体者となっていく。西欧の周縁、キリスト教の限界点、ヘーゲルの臨界において、バタイユは、かぎりなく唯物論の思想に接近していくのである。

もちろん、レーニンの唯物論思想は、笑いの本質をなすものを「知りえぬもの（不可知）」とは、言わないだろう。笑うからだを笑わせているものの本質を、たんに「知りえぬもの」と名づけてしまうと、それはカントの「物自体」のように、のっぺらぼうの抽象になってしまうからだ。そうすると、笑いによって宗教を凌駕しようとしながら、それはふたたび無神学としての神学として、自分を表現していくことにならないだろうか。

これにたいして、レーニン的唯物論は、その「物自体」、その「知りえぬもの」の内部にわけいって、思考がその外にあるものに接触していく「実践」の運動の重要性を主張したのだ。実践としての唯物論は、トロツキーの書いているように、「思考の外にあるもの、科学的探究の外にあるもののごく近くにあって」、まるで子供の頭をなでるようにして、あるいはまるで犬のおなかをさするようにして、その「思考の外」や「科学的探究の外」としてあるものの内部を感知しようとする、知性の働きにほかならない。だから、唯物論者であるレーニンは、自分のからだを笑いに波打たせているものの本質を、「知りえぬもの」とは言わない。

だが、その一点をのぞけば、バタイユの笑いの理論は、おどろくほどレーニンの唯物論思想に近いのである。バタイユは、笑いながら思考する哲学者として、つぎのように断言する。「事実、私がやっているのが哲学だとすれば、私は自分の哲学は笑いの哲学だと言うことができます。それは笑いの体験に基づく哲学であり、その先には進もうとさえしない哲学です(11)」。同じことが、レーニンについても言える。彼は、笑いながらものを考える哲学者であり、笑いながら論争し、笑いながら決断し、笑いながら敵とたたかう革命家であり、彼のやわらかくかつ固い思考のハンマーは、たえずこみあげる笑いとともに、鋼鉄を鍛える。

レーニンも、笑いのなかにあって、「その先には進もうとさえしない」。なぜなら、笑いこそ、人間の本質をなすものの根底に立って、精神にその外に広がる無底の宇宙への通路を開くものであり、笑いに凌駕されているとき(こういうとき、レーニンは頭をテーブルの下につっこんで、わきおこる笑いの嵐にたえた)、人間は先へ進むことも、後ろに退くことも、まったく意味を失ってしまう、無底の空間をつきうごかすたえまない運動と、一体であるからだ。

笑いが開くその無底の空間を、レーニンは「物質」と名づけた。そして、その「物質」にむかってこころみられる、知性のおこなうかぎりない接近の実践運動を、「唯物論」と呼んだ。だから、レーニンの唯物論とは、笑う哲学の別名なのだ。笑う哲学である唯物論は、笑いによって、信仰と宗教を凌駕しようとするだろう。またそれは、笑いによって、革命をおこなう。テーブルの下に頭をつっこんでも、なおおさまらない笑いの嵐と同じ本質をもった力が、暴力となって国家機構を破壊しようとするだろう。笑いのなかにあっては、かぎりないやさしさと、おそるべき残酷が共存している。やさしさと残酷の共存。それは、レーニンその人のことではないか。

第二章　笑いと唯物論

1

カプリ島からジュネーブへもどってきたレーニンは、じつは激怒していたのである。ゴーリキーの別荘には、ボグダーノフ、ルナチャルスキー、バザーロフたちがいた。彼らはみなレーニンと同じロシアからの政治亡命者で、作家ゴーリキーと図って、カプリ島に「ボリシェヴィキ訓練学校」を創設しようとしていた。ボグダーノフとレーニンは、同じボリシェヴィキの立場に立つ、古くからの同志だった。そのボグダーノフが、レーニンのことを「思想が古い」といって批判した。そのことに、レーニンはひどく腹をたてていたのだ。(1)

チェスの試合が一段落して、みんなでコーヒーを飲んでいるときに、ボグダーノフがレーニンに語りかける。

「ウリヤーノフ(レーニンのこと)、君はまだエンゲルスの古めかしい唯物論の哲学なんかに、しばられているのかい。エンゲルスはたしかに科学こそが、もっとも正しい認識法だと言った。しかし、彼の知っていた一九世紀の科学は、もうすっかり時代遅れのものになってしまったのだ。科学はいま大きな変革を体験している。その新しい二〇世紀科学の成果によって、マルクス主義はつくりかえられていかなければならない。そう思わないか。唯物論は、新しい科学哲学であるマッハ主義によって、改造しなければならない。それを拒否する君は、あきらかに時代遅れだよ」。

レーニンの顔は、少し青ざめている。チェスに熱中しすぎたためだ。その青ざめた顔をまっすぐにこの聡明な科学者のほうへ向けながら、レーニンが答える。

「いや、僕はそう思わない。人間のおこなう認識には、唯物論と観念論のふたつしかない。どんなに新しい哲学をつくりだしたと思ったって、それは唯物論であるか、観念論であるかの、どっちかなんだ。第三の可能性なんてない。この点にかんしては、古いも、新しいもないんだ。君がもちあげている、マッハやアヴェナリウスの、その最新哲学とやらは、僕の考えではあきらかに観念論の一種だ。だから、それを唯物論であるマルクス主義に接ぎ木することなんかできない。いいかい、アレクシス(ボグダーノフのこと)。マッハ主義によって改造されたマルクス主義なんてのは、存在しないんだ。僕はそれを証明してみせることができる」。

その場にいるみんなが、声もなくため息をついた。

「やれやれ。なんて君は頑固なんだ。だいたい君は、ローレンツの電子理論も、非ユークリッド幾何学も、ラジウムの物理学も勉強したことがないのに、そうやって新しい思想をやっつけようとする。まったく悪い癖だ。新しい思想を受入れたまえ。そうすれば、新しい革命の理論も生まれてくるはずだ。僕たちの革命が、なぜ敗北したのだと思う。それは、僕たちの革命理論が、時代遅れだったからではないのかい。マルクスやエンゲルスだけがすべてではないことを、君ははっきりと知るべきだ」。

レーニンは、まったく多勢に無勢だった。やっぱりカプリ島なんかに、来なければよかった、と思った。ルナチャルスキーもバザーロフも、ボグダーノフの見解を支持した。それに、あのゴーリキーまでが、レーニンを説き伏せて、自分たちの仲間にひきいれたいという意図を、ありありと見せていた。(2)ここの場面では、最新の西欧哲学で身をかためたボグダーノフたちのほうが、はるかに進歩的で、それを頑固に否定して、エンゲルスの唯物論の正しさを主張しつづけるレーニンのほうが、ずっと時代遅れのように見えた。だが、最後まで彼は、ゆずらなかった。最後にはとうとうゴーリキーもあきらめて、この頑固者がスイスに帰っていくのを、笑顔で見送ってやるしかなかった。

帰りの汽車のなかでも、レーニンは興奮して、考えつづけていた。ボグダーノフたちと話し合って、あらためて彼は、自分の考えのほうが正しいのだ、と思った。(3)ボグダーノフはじつに明快に、マッハ主義の哲学を、さまざまな著作で説明していた。しかし、その説明を読めば読むほど、その最新の西欧哲学には、重大な欠陥があるように、彼には感じられた。しかし、くやしいことに、レーニンには最新哲学の知識が不足していた。

彼は、ジュネーブにもどったら、また図書館にこもろう、と思った。こういう反動の時期には、いくらあせってみたって無駄だ。それよりも、いまは哲学の勉強だ。今度はそこで、マッハやアヴェナリウスの書いたものを、かたっぱしから読み破ってやろう。それだけじゃあない。哲学と科学の新しい傾向についての、完璧な知識を手に入れよう。そのうえで、マルクス主義の改造をもくろむ、ロシアのマッハ主義者たちを撃破してやろう。それは必要なことだ。人々が、マルクス主義の哲学的改造に熱中しているあいだに、革命の機会は逃げていってしまう。彼らは、チャンスは前髪をつかまなければならないことを知らない。後ろははげているのだ。

カプリ島からもどってきたあとも、レーニンの怒りはしずまらなかった。そして、その怒りの中から、彼の出版された唯一の哲学書『唯物論と経験批判論』(一九〇九年)が書かれたのである。

2

レーニンにしても、ボグダーノフにしても、二〇世紀のマルクス主義者のかかえていた最大の問題は、「意識」の問題だったのだ、と思う。彼らは、ツァーリズムの矛盾や世界戦争を「利用」して、共産主義の思想を、現実のものに移そうとしていた。社会主義革命は、もう日程にのぼっていたのだ。そのためには、革命をおこなう人間の意識を、どのようにかたちづくっていったらよいのか、という深刻な問題が発生する。彼らは、それについての思想を、自力でつくりださなければならなかった。

放っておいても、革命の意識は、労働者のなかに自然に成長してくるものなのか。それとも賃金闘争のような経済主義の活動をつづけることによって、しだいにそれは形成されてくるものなのか。マルクスとエンゲルスは、その問題を、具体的なかたちで、深めておいてくれなかった。処方箋は、どこにもなかったのだ。

とりわけ「唯物論」が、ひとつのネックになっていた。マルクスとエンゲルスの唯物論思想、とくにそのころもっともポピュラーに普及していたエンゲルスの唯物論を、まともに受け取ってしまうと、この意識の問題を深化させるのは困難になる。

マルクスとエンゲルスは、ヘーゲルの強力な観念論の思想に抵抗しながら、自分たちの思想を形成してきた。ヘーゲルは絶対精神という観念的なものが、自分を展開するプロセスとして、歴史の本質を考えた。彼がつくりあげた体系は、まったく強力なものだった。それに抵抗するために、マルクスとエンゲルスは、力まかせの逆転をおこなってみせた。ふたりは、観念的なものにたいする物質的なものの先在性、本源性を強調し、それを土台にして、ヘーゲルの体系をひっくりかえして、史的唯物論をつくった。

この力まかせの逆転が、可能性と困難を、同時につくりだしたのだ。ヘーゲルは、物質でできた自然を、意識の自己展開としてとらえた。それをひっくりかえすと、物質の運動のプロセスが、意識をつくりだすということになる。こうなると、意識とは、物質の運動の概念のなかに、完全に包み込まれてしまうことになる。物質の運動は、全自然史を形成する。そして、意識はその全自然史のなかから、生み出されてくるのだ。

アマチュアの自然科学ファンだったエンゲルスは、さまざまな著作のなかで、とりわけこの視点を強調した。彼は『自然の弁証法』のなかでは、こう書いている。

物質が自己のうちから思考する脳を発展させてきたということは、たとえそうした発展が生じているところではその一歩一歩が必然性によって条件づけられているにもせよ、機械論にとっては純然たる偶然なのである。ところが真実は、思考する存在の発展にまで進歩してゆくことは物質の本性なのであって、だからそのための諸条件(かならずしもいたるところ、またいつでも同一だというわけではない)が存在する場合にはいつでもこういうことはかならず生じているのである。(4)

エンゲルスは、思考する脳というものを、自己運動する物質のおこなう、自己組織的な発展のなかに、完全に包み込んでしまった。ここから、どういうことがおこるか。人間の意識は、思考する脳に生まれる。しかし、その脳は全自然史のなかに、包み込まれ、埋め込まれている。そうなると、意識と物質との「異和(ヘテロジニアス)」を、どこに発見していったらよいのだろうか。意識が、全自然史に包み込まれてあるものならば、その自然史のなかから形成されてきた資本主義社会を、革命によってつくりかえる運動は、いったいどこに根拠を求めることができるのか。

つまり「唯物論」が、二〇世紀の革命家たちにとっての、つまずきの石となっていたのである。彼らは、資本主義社会という、現代の「自然」に反逆する精神を、強力に形成する必要を感じていた。人々は、この資本主義社会に生まれ、そこに生活して、それを自分たちにあたえられた「自然」の一部だと、みなしている。その「自然感覚」を、打ち破らなければならない。なぜなら、資本主義は、全自然史の完成ではなく、そのゆがんだ発展にすぎないからだ。人間が、全自然史の「客観」にたどりつくためには、この自然感覚を破っていくことができなければならない。物質と自然にたいする「異和」の意識こそが、それを可能にする。物質(自然)と意識とのこの「異和」を、どのように認識して、どのような哲学に組織化していけばよいのか。

一九〇五年のロシア革命では、一九世紀的な革命の組織論が、現実のたたかいのなかで敗北してしまったのである。そのとき、ボリシェヴィキたちは、はじめてマルクスの革命理論を、現実の場面でためしてみた。そして、失敗した。彼らはその失敗の原因が、労働者や社会主義者の「意識」の組織化の失敗にあることに、はっきりと気がついた。何か重要なものが、まだそこには欠けているのだ。きびしい政治的な反動が、ロシアを支配した。外国へ亡命した革命家たちも、ロシアに残って地下活動をおこなっていた労働者たちも、同じものを求めていた。それは、新しく強力な、意識と実践の哲学の形成だったのだ。

人間の意識のもつ「異和性」の本質を正確にとりだし、それをひとつの組織論にまで高めていくためには、唯物論を放棄して、マルクス主義を別の土台の上に、改造しなおす必要があるのか。それとも、唯物論の内部から、唯物論の原則に忠実なまま、この意識の「異和性」をとらえる、新しいタイプの哲学を創造することは、可能だろうか。ボグダーノフも、レーニンも、じつは同じ問題をかかえていたのだ。ただ、ボグダーノフは前者の可能性に賭け、レーニンは後者の真実を確信した。カプリ島における、ふたりの論争は、まったく現代的な意味をもっている。そのことは、あとでわかる。

3

ボグダーノフは、すぐれた化学者だった。そのために、当時のヨーロッパ科学の世界でおこっている思想的な動向に、くわしい知識をもっていた。当時そこはまさに、大革命の前夜だった。

それまで物理学のなかで、ほとんど疑われることのなかった「絶対空間」とか「絶対運動」という概念が、深刻な危機にさらされていた。これらの概念は、ニュートン力学の大成功以来、いわば科学思考の世界の空気のようなものになっていて、みんながそれを背景にして思考し、多くの素晴らしい成果をおさめ、科学者の誰もが、その存在に疑問をさしはさもうとしなかった。しかし、一九世紀末頃から、しだいに人々はこうした絶対的に思える概念に、疑いをいだくようになってきたのである。

だいいち、誰もこの「絶対空間」とか「絶対運動」を、実験によって検証することができなかった。ひょっとすると、この宇宙には、「絶対空間」などというものは実在せず、また運動はあっても、それはすべて「相対運動」なのではないか、と考える人々があらわれてきた。「絶対空間」も「絶対運動」も、感覚や実験装置によっては、いささかもその実在をたしかめることができないとするならば、それはもともと、科学思想にとっては不必要な、形而上学的な概念にすぎないのではないか。現代科学は、古い神学のなごりである、こうした形而上学的概念をいさぎよくすてて、物理的に知覚できるものだけから、自分の世界を、作りなおしてみなければならないのではないか。このように考える、新しい傾向をもった人々の中で、もっとも進んでいたのが、哲学者マッハだった。

マッハは、科学の古い常識を、つぎつぎと批判していった。彼はまず、人間の外に実在するという「物質」の概念を、始末してしまおうとした。たしかに、人間は知覚器官や、実験の装置をとおして、人間の外にあるという「物質」を認識する。しかし、そのとき、確実に実在していると言えるのは、ただ感覚と装置がとらえた情報だけなのではないか。ということは、唯物論者たちが主張している、人間の外に実在している「物質」だとか、カント哲学の言う「物自体」とかいうのは、「絶対空間」や「絶対運動」と同じような、形而上学的な、科学にとっては不必要な概念である、ということになる。

科学の対象は、そうなると、感覚相互の関係だけになっていく。マッハは、アインシュタインにも深い影響をあたえた、有名な『力学』のなかで、つぎのように書く。

> 感覚は「物の記号」でさえもない。むしろ「物」とは、相対的な安定性をもつ感覚の複合をあらわすための思想上の記号である。物(物体)ではなくて、色、音、圧力、空間、時間(われわれが普通に感覚と呼んでいるもの)が世界の本来の要素である。(5)

人間の外に、なにか「物質」と呼ばれるものが、客観的に実在しているわけではなく、それは感覚の複合がつくりあげる、思想上の記号なのだ、とマッハは語るのだ。ではその感覚の複合のもつ「相対的な安定性」は、どのようにしてつくられるか。こんどは、彼の『感覚の分析』を見てみよう。

われわれは尖端Sをもつ物体を見る。われわれがSにふれ、われわれの肉体に接触させるとき、われわれはちくりと感じることなしに、Sを見ることができる。しかし、われわれがちくりと感じるやいなや、われわれはSを皮膚の上に見いだすであろう。だからして、目に見える尖端が接続的な核であり、ちくりとする感じは事情に応じてなにか偶然的なもののようにそれにむすびつくのである。類似の出来事がくりかえしておこると、人々はついに、物体のすべての性質を、持続的な核から発して、肉体の媒介をつうじて自我にもたらされる「作用」であるとみなすように習慣づけられる。そして、この「作用」をわれわれは「感覚」と呼ぶのである。[6]

物質の概念は、こうした「習慣づけ」から、形成されるようになるのだ。感覚の複合である、ある持続的な核が、あたかも自分の外に実在しているようにみなすような、「くせ」ができあがるからだ。そして、哲学上の唯物論は、そのたんなる「習慣」にすぎないものを土台にして、人間の外に実在する物質を基本にする思想をつくりあげる。だが、その土台は、精密科学が認めることのできない、形而上学にすぎない。そうではなく、物質と呼ばれているものの真実は、感覚の複合にほかならないのであり、それをあらわすための思想上の記号が、物質なのだ。

マッハの思考には、まれに見る一貫性がある。それは、観測とは何か、実在とは何か、という認識の問題に取り組みはじめた、現代科学の要請に、真っ正面から答えようとして生み出された哲学だ。マッハは、物質という概念のもつ堅固さを破壊しようとしたが、それは当時生まれつつあった原子物理学によっても、支持されていた。原子の内部には、運動する電子が発見され、またラジウム崩壊の発見は、物質のもつ堅固さのイメージをおおいに揺るがせた。

人間の外に、物質が実在しているのか。それとも、実在とは、人間の感覚と思考のつくりあげる、観念的な本質をもったリアリティにほかならないのか。二〇世紀はじめの頃の科学哲学では、マッハ主義が唯物論を論破して、科学に新しい思想的な可能性を開いている、と考える人のほうが、ずっと進歩的だったのだ。

じっさい、科学はその方向で、つぎつぎと革新をなしとげつつあった。あきらかに、相対性理論とマッハ哲学とのあいだには、深いつながりがある。物質の微細領域をあつかう物理学でも、理論と実在の関係をめぐって、マッハ的なラインにそっての議論が進められていた。実在は観測できるものなのか。それは、理論の言葉で、正確に表現できるものなのか。それとも、理論が言葉のロゴスによって、新しいリアリティを創造しているのではないだろうか。レーニンとボグダーノフが、唯物論かマッハ主義かの論争をくりひろげていたとき、少なくとも科学の世界では、唯物論は日々論破されていたのだ。

4

マッハ主義を、ひとつの記号論とみなすことができる。人間は感覚器官をつうじて、「物自体」に接触して、そこから「経験の要素」を取り入れている。この「経験の要素」というのは、一種のカオスであって、生体のなかでそれらが秩序づけられ、組織立てられないかぎり、心理的とも物理的とも言えず、ニューロンを通過するただのパルスの混沌にすぎない。しかし、人間のなかには、そうしたパルスの混沌を秩序立てる「形式」の能力が、先験的にあたえられている。それをとおして、「要素」は組織立てられて、「経験」へと変容する。

「要素」がイメージにつくりかえられて、相互に結びつけられるとき、そこには心理的な経験がかたちづくられる。感覚(知覚)がそのままで組織化され、相互に結びつけられるときには、物理的な経験が発生する。生体の中では、つねにこのカオスの形式へのつくりかえがおこなわれている。そして、科学は、心理的経験を構成するイメージ相互の関係と、物理的経験を構成する感覚相互の関係、イメージと感覚との相互関連を、ただそれだけを、実証的にあきらかにすることができるだけである。

だから、そういう実証科学では、カントの「物自体」について考える必要もないし、また人間の外部に実在する「物質」というものを、考える必要もない。もしも、人間の外の「物自体」と経験とのあいだに、なんらかの関係があるとしても、それはシニフィアンとシニフィエの関係のようなもので、おたがいの間には、恣意的なつながりしかない。それにだいたい、経験の「要素」は、ニューロンを通過するパルスにすぎないのだ。重要なのは、それを経験に組織化する「形式」や「構造」をあきらかにすることであって、外の物質的実在について、うんぬんすることではない。

マッハ主義は、このように主張する。その現代性はあきらかである。マッハ主義は、現代の記号論と、基本的には同じことを語っている。記号論には、ひとつのイデオロギーが潜在している。それは、リアリティ(実在)をつくりあげるのは、複雑な記号の体系であり、世界は一冊の書物としてつくられる、と語ろうとしているからだ。

マッハ主義者のユシケヴィチは、つぎのように書いている。「認識は経験記号論的であって、それが発展するとますます記号化の程度の高い経験記号へとすすむ……いわゆる自然法則なるものは……これらの経験記号である……いわゆる真の実在、存在それ自体とは、無限大の極限的な記号体系であって、われわれの知識はそれをめざしてすすむ」[7]。さすがに、マッハ自身は、こんなに乱暴なことは語らなかったが、彼の思想には、このような考えを生み出してしまう本質がある。マッハ主義は、ひとつの記号論なのだ。

5

ボグダーノフはそこに、革命の運動の閉塞を破る、可能性をみいだしたのだ。エンゲルスは、自然のプロセスから人間の歴史にいたるまでの森羅万象を、自己運動する物質という観点から、一元的にとらえようとした。物質が自分の内部にはらむ矛盾によって、運動をおこし、自己展開をとげ、ついには人間の意識を発生させ、それが歴史をつくりだす壮大なプロセスを、彼は描いた。その意味では、彼のマテリアリズム(唯物論)とは、「物質一元論」にほかならない。

このような「物質一元論」は、認識論としては、いちじるしい欠陥を持っている。それだけではなく、自然の秩序をくつがえし、そこに新しい世界を創造しようとする、革命主体の「意識」の問題を、はっきりとつかみだしてくることができない。そこで、ボグダーノフは、このような「物質一元論」に対抗して、「経験一元論」をたてたのだ。物理的な現象から、精神の現象にいたるまでを、マッハ的な意味での「経験」の視点によって、統一的にとらえる理論を、彼は構想したのである。

彼はこの思想を、『経験一元論』という本に表現した。そこには、つぎのように書かれている。

経験一元論が可能なのは、ただ認識が経験の無数の矛盾をとりのぞき、経験のために普遍的な組織化する形式をつくりだし、一次的な渾沌とした要素の世界を(推論によって)導きだされた秩序だてられた諸関係の世界ととりかえることによって、経験を能動的に調和させるからである。(8)

ここには、マッハの思想のいちばん重要なところが、正確にとりいれられている。「色、音、圧力、空間、時間」のような、ふつう私たちが感覚と呼んでいるものが、世界をつくるおおもとの「要素」となる。それはまだ、「一次的な渾沌とした要素の世界」でしかない。認識が、その感覚のカオスに秩序をもたらす。感覚のカオスは、形式にしたがって組織化され、経験をつくりだす。この組織は能動的に、動き、変化しながら、たえず感覚の組織化を遂行していく。

こうして、形式ないし構造の能力によって、さまざまな経験が組織される。ボグダーノフは、それを「人々の心理的経験」と「人々の物理的経験」のふたつに、大きく分ける。前者は、精神的な現象にかかわり、後者は物理的な現象にかかわっている。ふたつの種類の経験は、一見異なっているように見える。しかし、それは経験を組織化する形式の構造がちがうだけで、どちらも本質的には同じ「経験」なのである。

ボグダーノフの考え方のおもしろいところは、心理的経験を物理的経験の前に、おいていることだ。彼は、客観的な物理的経験を、「社会的に組織された経験」だとみている。つまり、それはたくさんの人間の経験を総合したところに、客観的につくられてくる「人間の集団的意識の産物」だ、と考えるのだ。これにたいして、心理的な経験は、同じ経験を、個人的に組織化したところに生まれてくる。

幻想は、心理的経験である。それは、感覚の要素を、ひとりの人間の内部で、独自のやり方で組織化したものだから、普遍性や客観性をもっていない。ところが、それが集団の場にひっぱりだされると、同じ経験は、こんどは集団的な組織化の変形を受ける。ラカン風の言い方をすれば、「経験の要素」といわれているものは、「現実界(レール)」にあたり、「心理的経験」は個人的な「想像界(イマジネール)」であり、それが言葉の交換をとおして、集団の場で塑形しなおされて、「象徴界(サンボリック)」に相当する「物理的経験」をつくりだし、それらが総合されて認識が生まれる。

ここから、ボグダーノフは、壮大な変革のための「超学問」を構想するにいたる。彼は経験の組織化という一元論的な立場から、来るべきプロレタリア文化の創造を、先取りしようとしたのだ。「プロレタリア的創造は、一元論と集団主義によって、発展していかなければならない」と、ボグダーノフは言う。一貫した方法論をもって、集団の力をとおして経験を客観的なものにつくりかえ、労働と知識をひとつに結びつけるのだ。

『プロレタリア的創造の道』(一九二〇年)(彼はレーニンの批判にもめげることなく、ソヴィエトの時代においても、経験一元論者をつらぬきとおしていたのだ)で、彼は自分の考えを、新しい時代にふさわしく、つぎのように表現している。

科学と哲学においてマルクス主義は方法の一元論と意識的な集団主義的傾向を体現したものとして登場した。この方法に基づいてさらに発展してゆくなかで、人間の社会的な労働と闘争における組織的な経験全体を一元的に統一する、普遍的な組織化の科学が作られなければならない(9)。

これは、マッハ的な「経験」というものだけで構成された世界の記号論であり、システム論であり、サイバネティックスだ。マルクス主義は、ボグダーノフによって、記号論的＝システム論的に改造されたのだ。ここには、エンゲルスの言う「物質の自己運動」のかわりに、「組織化された経験」がある。その「組織化された経験」の複雑な重層構造として、人間の世界はあり、マルクス主義者はこの世界を、より一貫した一元論と集団主義にむかって、高度に組織化していくことによって、未知のプロレタリア文化を創造する任務をもっている。

したがって、来るべきロシア革命とは、まず社会のサイバネティックス的な変革でなければならず、それを実現するためには、より高度で、より客観的、より集団的な経験の組織化の実現をめざす、プロレタリアの「意識」が、求められることになるのだ。残念なことに唯物論からは、そのような革命主体の「意識」を、みちびきだしてくることができない。ただ、経験一元論をとおしてのみ、新しい文化のヴィジョンを形成することができるし、そのヴィジョンにしたがって、「組織の変革」を推進することができる。ボグダーノフは、こうして、マルクス主義に現代的な認識論と、革命主体の「意識」を注入することができる、と考えた。

6

レーニンが『唯物論と経験批判論』でたたかっていたのは、このような記号論、システム論だったのだ。

この本は、あまり上手に書けているとは言えない。それに、ロンドンとジュネーブでこの本を書いているあいだじゅう、レーニンのボグダーノフにたいする怒りは、いっこうにおさまらなかったために、全編がこれ喧嘩腰で、哲学的な議論をすすめるのに、ふさわしい文体とは言いかねる(原稿の清書を頼まれた、レーニンの妹は思いあまって、あまりに露骨な誹謗表現のいくつかを、兄に内緒でこっそり削って、あとでしかられたほどだ)。しかしレーニンの思想は、この本の中できわめて明確に表現されている。一言で言って、彼は、マッハ主義には「主観(サブジェクト)」にとっての外部としての「客観(オブジェクト)」がなく、それではレーニン的な意味で「笑うに笑えない」し、笑えないような記号論的革命など、人間にとっては意味がないではないか、と批判しているのだ。

この本の中で、レーニンはいろいろな表現をつかって、唯物論というものの本質を、言い表そうとしている。二つほど、そういう表現をあげてみよう。

物質の概念とは、認識論的には、人間の意識から独立して存在しかつ人間の意識によって模写される客観的実在以外のなにものをも意味しない(10)。

哲学的唯物論がその承認と結びついているところの、物質の唯一の性質は、客観的実在であるという性質、すなわちわれわれの意識のそとに存在するという性質である(11)。

この規定は、とても面白い。レーニンは、物質というものを、あらかじめ、木や花や家のように「存在するもの」として立てておいて、それについて存在論的に思考する、というやり方を否定している。そのかわりに、彼は、物質の「唯一の性質」を、人間の意識の外にある、客観的実在性ということにだけ、みいだそうとしているのである。これは、唯物論として、なかなか画期的な見解である。物質とは、意識と認識の主題にほかならないのだ、とレーニンは語ろうとしているからである。

レーニンが、エンゲルスとちがうことを考えようとしていることは、あきらかだ。エンゲルスは、物質とは運動するものであり、物質のその自己運動のなかから意識が生まれる、と規定した。彼は物質を、存在論的にとらえていたのである。ここからは、「人間の脳が生み出したものも、けっきょくはやはり自然の産物なのだから、その他の自然の連関と矛盾しないで照応する」[12]という、コスモス的な発言が出てくることになる。だが、レーニンはそういうエンゲルスの考えをいちおう認めながら、ちがうことを考えようとしている。

物質の唯一の性質は、人間の意識の外に、独立してある、ということである。つまり、意識そのものは、物質の自己運動のなかから生まれてくるものであるとしても、それはそのままでは、物質の性質がしめす「客観的実在性」には一致しないことになる。ふたつの間には「異和」があるのだ。もっと言えば、意識は、物質概念にはふくまれない。物質は、客観を本質としているが、意識はそうではない、というのがレーニンの考えだ。

ここでレーニンがつかっている、「客観」という言葉は、とても深い意味をもっているように思われる。そのことは、同じ言葉のボグダーノフによる、記号論的な使用とくらべてみると、とてもよくわかる。ボグダーノフは、『経験一元論』のなかで、「客観」という言葉を、共通とか普遍の意味で、つかっている。

客観性の基礎は、集団的経験の領域になければならない。われわれと他人とにとって等しい生活上の意義をもっている経験のデータ、たんにわれわれが矛盾なしに自分の活動をそれに立脚させているばかりでなく、われわれの確信によれば、矛盾につきあたらないためには他人もまたそれに立脚しなければならないところのデータ、それをわれわれは客観的なものと呼ぶ。物理的世界の客観的性格は、それが私個人にたいしてではなく、万人にたいして存在し、私の確信によれば、万人にたいして、私にたいしてと同様な一定の意義をもつ、という点にある。物理的系列の客観性は、それの普遍妥当性である……われわれが自分の経験のなかで出あう物理的物体の客観性は、結局、種々の人間の発言の相互検討と一致とを基礎としてさだめられる。一般的に、物理的世界とは、社会的に一致させられ、社会的に調和させられた、一言でいえば社会的に組織された経験である。(13)

ボグダーノフの考え方は、非常に常識的である。彼は、客観性ということを、人間の意識の内部におこる弁証法としてだけ、考えようとしている。個人の想像界に生まれる個人的な心理経験が、集団の場に持ち出され、そこで個人性のゆがみを正されたり、不足を補われ、社会に調和するように塑型され、経験が社会的な意味をもつようにつくりかえられるとき(つまり、想像界が象徴界に塑型されるとき)、客観性が生まれる、と彼は書いている。

この考えでいくと、日常言語というのは、詩の言語ないし幼児語にとっての「客観」であるということになるし、貨幣は商品の「客観」であることになる。それはまったく正しい社会学的な理解だ。だが、レーニンはそういう考えを、ブルジョワ的で、観念論的だと言って、しりぞけるのだ。

社会学や記号論が、なぜブルジョワ的で観念論的なのか。それは、そういう思考法が、意識の外に独立してある、客観的実在に触れるための実践の回路を、あらかじめ閉ざしてしまっているところに、なりたっているからだ。そういうところでは、意識の内部にはニューロン・パルスである感覚要素のカオスがあり、それを組織化して、経験が発生する。その経験ははじめは個人的な心理にすぎないが、しだいに集団の場で、社会性を獲得して、ついには社会的に調和する客観性を獲得する、という物語ができあがる。記号論とは、なんとまあ、ブルジョワ教養小説のようなつくりをしているではないか、とレーニンはあざける。

そうではない。客観は、人間の意識の絶対的な外部にあるのだ、とレーニンは考える。社会性がなくても、経験の組織化などがなくても、それは実在する。共通や普遍や一般がつくりだす客観は、あくまでも相対的なものにすぎない。社会的に、集団的につくりだされる客観は、たしかに個人的な想像界の経験よりも、人間の意識の外にある絶対的な客観的実在を、より正しく反映できる。しかし、客観そのものは、どのような意識現象からも独立して、その外にあるものなのだ。普遍(カソリック)とか一般(ジェネラル)とかいうのは、あくまでも、集団意識の内部の出来事である。物質であるところの「客観的実在」は、その普遍を解体したところに出現する。

レーニンの「客観」は、記号論も、社会学も、現象学も、心理学も破壊したところに出現する、おそるべき概念なのだ。彼はそれを、「物質」とか「絶対的自然」という言葉をつかって、表現しようとしている。それは、無限の深さと、無限の力能と、無限の階層性と、無限の運動をはらんで、人間の意識の外に、実在している。意識はその物質の運動の中から形成され、自分の中に、物質を反映ないし模写する。

唯物論者の観念論哲学の支持者からの基本的なちがいは、感覚、知覚、観念、および一般に人間の意識が客観的実在の像とみなされている、という点にある。世界は、われわれの意識によって反映されているこの客観的実在の運動である。観念、知覚

等々の運動には私のそとにある物質の運動が照応している。(14)

観念とか知覚のような、意識の内に発生する運動と、外にある物質の運動が、たがいに並行関係にある、などとレーニンは語っているのではない。意識の運動には、物質の運動が照応している。しかし、意識にとって、自分をつくりだす物質は、絶対的な外部にある。おたがいのあいだには、どのような並行関係もない。意識の運動と客観的実在の運動とのあいだには、弁証法的な「反映」の関係だけがある。意識と物質は、同一でありながら、たがいに異和的であり、この同一＝異和の関係をとおして、意識は客観を「反映」するのだ。

ボグダーノフたちは、唯物論のエンゲルス的自然主義をぬけだすために、マッハ主義によった。それは、経験の記号論として、自然から意識を自立させる哲学であり、それによって、ロシアの現代思想家たちは、プロレタリアの運動で難問になっていた、「意識性」の問題に答えようとした。レーニンは、それにまっこうから反対した。彼は、事情通の現代思想家たちすべてに反対して、「古い思想」の可能性にかけたのである。

レーニンは唯物論の内部から、「意識」の問題のラジカルな抽出が可能だ、と考えた。それどころか、マッハ主義のような「観念論哲学」によって、マルクス主義を改造してしまうと、マルクス主義は骨抜きになってしまうことが、彼にはわかっていたのだ。マルクス主義は、主観の外、意識の外にあるおそるべき運動する実在を、「物」と名付け、「客観」と名付け、人類の意識をその「客観」にむかって解放する運動としての「共産主義」を構想した。もしも、それを、マッハ的に改造してしまうと、記号論化、システム論化、社会学化されたマルクス主義からは、共産主義運動自体のレゾン・デートルが、なくなってしまうだろう。

共産主義とは、その「客観」への運動なのだ。人間は、実践をとおして、その「客観」に近づいていくことが可能なのだ。これまでの歴史は、すべて自己意識のおこなう内部の運動として、つくられてきた。それは、ついに市民革命を実現し、資本主義社会を生み出してきた。人間はしだいしだいに、「客観」に接近している。だが、まだ私たちの時代は、そこに到達できない。人間のすべての生活を、意識の現象形態のなかにとじこめる、資本主義的な生産様式と、それをバックアップするブルジョワ的な生活意識とによって、私たちはまだ、最後の一歩を踏み出すことを阻止されている。

実践が必要だ。しかも、唯物論的な実践が、必要なのだ。唯物論は、意識の外にある客観的な実在を認めて、実践によって、それにむかって無限に接近していこうとする、運動の別名だ。実践する人間の意識は、自分の外にむかって踏み出していく。なじみのない不気味な異和の感覚が、意識の先端に接触し、そこをあらっていく。意識は意識ならざるものに触れながら、自分の形態を、たえず変化させていく。この実践は無限につづく。しかし、実践の波頭では、意識は客観に変容し、客観の中から、新しい意識の形態が、たえまなく発生している。

そのとき、レーニンのあの笑いがよみがえってくるのだ。ドリン・ドリン！　唯物論の本質を、からだで表現するあの笑いだ。ことばの外、意識の外にあるなにものかの力がわきあがってきて、人間という生き物の「底」に触れ、それを押し上げようとするとき、笑いが生まれる。この「なにものかの力」というものを、いまだったら、つぎのように表現することができる。それは、客観的実在であり、レーニン的物質なのだ、と。つまり、レーニン的物質の運動が、意識の「底」に触れ、それを押し上げていくとき、人は笑うのだ。小さな子供の頭や、やわらかな犬のおなかをなでるときも、人間はそのような客観に触れている。だから、唯物論の実践と笑いとは、同じ構造をもっている、と言えるのだ。

マルクス主義のマッハ主義的な改造の動きを破壊するために、レーニンは『唯物論と経験批判論』を書いた。彼は、それを怒りながら書いた。しかし、唯物論の本質について思考するとき、レーニンの身体は、まちがいなくことばの外、意識の外である、あの「物質」に触れていたはずなのだ。

物質とは、人間の意識から独立して、その外に存在する。

物質の唯一の性質は、客観的実在にある。

意識の外に、絶対的自然が存在する。

このように書きつけるとき、レーニンの精神は、意識の外である「物質」に触れているのである。そして、そこから記号論とシステム論としての現代思想に、攻撃を加えた。レーニンはそのとき、城壁の外に立っている。じょうぶで堅固な、意識の城壁の内部で、にぎやかなブルジョワ哲学のバザールが開かれている(ブルジョワということばの語源は、厚い城壁にまもられた都市と、関係があるらしい)[15]。レーニンはその都市の外に立って、城壁にむかって、「客観的実在」による砲撃をおこなったのである。

だから、レーニンの唯物論は、笑いとしての哲学なのだ。彼がマッハ主義を攻撃するのは、それが笑わないからだ。観念論は、子供の頭をなでることができない。それは、犬の腹をなでるとき、意識のなかに、絶対的自然が優しい侵入をはたしていることが、わからない。そのとき、レーニンの手のひらに触れているものを、経験の要素だと言うならば、彼のからだにあの笑いの波打ちは、おこらない。観念論は、ニーチェの言う「神的な笑い」を知ることができない。意識の外にある客観的実在だけが、人間を心の底から、笑わせることができる。そして、そのような笑いを知っている人間は、たとえ流行思想家たちから「思想が古い」と言われようとも、唯物論が正しい、と主張するだろう。彼は、生命の秘密を知っているからだ。

だが、レーニンの唯物論哲学が、『唯物論と経験批判論』で完成したと見るのは、まちがいである。そのことを、レーニンはまもなく、身をもって知ることになる。歴史の現実がそのことを教える。そのとき、現実は、もういちどレーニンを図書館に送り込み、もういちど彼を哲学の研究に没頭させるだろう。第一次世界大戦の勃発が、レーニンにそれをさせたのである。

第三章　ヘーゲルの再発見

1

一九一四年六月二八日の日曜日、サラエボでオーストリアの皇太子が、一人のセルビア青年に暗殺されたとき、それがかつてない世界戦争の導火線になる、と予想できた人は、政治家のなかにも、ジャーナリストのなかにも、ほとんどいなかった。

意外なことは、すでに十数年も前から、ヨーロッパにおける大戦争の発生を予言し、警告を発しつづけていた社会主義者たちが、それに気づかなかったことだ。ヨーロッパの労働運動に最大の影響力をもっていた、ドイツ社会民主党の指導者たちは、暑いこの時期、避暑や湯治にでかけてしまっていたし、ローザ＝ルクセンブルクは激しい反戦演説をとがめられ、裁判の被告席に立たされていて、それどころではなかったし、クラカフ地方の山中にいたレーニンの頭のなかといえば、ロシアの党の分裂のことでいっぱいで、とてもそんなことに勘を働かせている余裕はなかった(1)。

とはいえ、社会主義者は、ヨーロッパに大戦争が発生した場合、どのような行動をとるべきかについて、すでにおたがいの間に、確認ができていたのである。それより二年前の一九一二年冬、バーゼルで開かれた第二インターナショナル大会は、せまりくる世界戦争の予感と、それに立ち向かうべき自分たちの行動の方針を、「バーゼル宣言」として、はっきり打ち出していた。

そこには、つぎのようなことが書かれていた。ヨーロッパ諸国の資本主義は、不均衡な発達をとげていて、おたがいの利害の矛盾は高まり、ついには大きな戦争がひきおこされるにちがいない。その戦争は、どの国にとっても、かつてなかったような経済と政治の危機を、つくりだすはずなのである。そのとき、労働者はどのような行動をとるべきか。答えははっきりしている。戦争の拒否である。

「バーゼル宣言」は言う(2)——労働者は自分が戦争に参加することを犯罪とみなして、資本家の利潤や王朝の野心のために、または秘密外交条約を履行するために、たがいに射ちあうことを犯罪とみなす。戦争がおこった場合、労働者は、民族としてふるまうべきではない。戦争をおこなう国家は、それが民族の名誉と存続をかけた戦争であるといって、労働者を動員しようとするだろう。だが、それは偽りなのである。このさい、労働者階級に祖国はない、という『共産党宣言』のことばを思いおこし、国際主義者としてふるまわなければならない。われわれは、来るべき戦争を拒否するであろう……

「バーゼル宣言」は、とてもよくできた宣言文だった。世界の現実にたいする洞察が深く、それにたいする論理も一貫していて、当時の社会主義者の知性の高さを、よくしめしている。だから、予言が現実のものとなり、ヨーロッパに戦争が発生した場合でも、社会主義者の行動方針には、迷いや狂いなどの生まれるはずもなかった。ところが、七月に入って、戦争が本格化してしまい、これが予言されていたあの大戦争そのものなのであった、ということがわかったとき、社会主義者の間に、じつに驚くべき事態が展開することになったのである。

ヨーロッパの国々が、つぎつぎに参戦していった。はじめのうち、労働者たちは、ベルリンやパリをはじめとする各地で、平和への意志を表明する、大規模な反戦デモをおこなった。そこには、「バーゼル宣言」の精神が生きているように見えた。だが、このときにも、彼らの内心は、激しく緊張していたのである。

反戦のためのデモに参加していた人々の心には、あなた方は労働者である前に、まず国民であり、民族ではないか、という声なき声が、圧力をかけていたからである。どこの国の政府も、戦争への本当の意図をたくみに隠してしまうのに成功していた。これは、民族の国家と文明の存亡をかけた戦争なのである、という宣伝がいきわたりはじめた。フランスの労働者よ、あなた方はもしもドイツが攻撃をしかけてきたときにも、戦争への参加を拒否しつづけていられるのか。ドイツの労働者たちよ、ロシアがドイツ民族に攻撃をしかけようとしているのだ。あなた方は、そのときでも、戦争を否定しつづけるのか。

緊張がつづいた。労働者も社会主義者も、じつに深いジレンマにおいこまれていたのである。そして、カイザーの政府が、戦時公債の発行の承認を、国家に申し出てきたとき、その緊張はついにピークに達した。彼らは、決定的な選択をせまられた。そして、崩壊がはじまった。八月三日、ドイツ社会民主党の国会議員団は会議を開き、そこで七八対一四という大差をもって、戦時公債への賛成を決議した。翌四日には、帝国議会において、彼らは一致して、戦時公債へ賛成票を投じたのである。

このニュースは、多くの人々に深刻な衝撃をあたえた。ローザ＝ルクセンブルクは、それを聞いたとたん、一瞬だが、自殺を考えた。しかし、すぐに思いかえして、リープクネヒトらと結んで、反対派の革命組織（スパルタクス団）をつくりだすことを決意した。レーニンのマルクス主義の師であったプレハーノフも、卒倒しそうなくらい驚いた。だが、彼はドイツ社会民主党に裏切られたと感じて、フランスの社会主義者とともに、連合国側に立ってたたかう、という民族主義の立場に立つことを決めた。そして、ローザンヌで、その決意を報告するプレハーノフの演説を聞いたレーニンは、激怒のあまり、顔面蒼白になった(3)。

あらゆる人々を巻き込んで、戦争は進行していった。新しく開発された科学兵器は、この戦争をかつてないほどに悲惨なものにしていた。労働者の国際組織であった、第二インターナショナルは、もろくも崩壊していった。それまでにあった労働者の運動と組織のすべてが、その無力をさらけだしていた。そればかりではない。マルクス主義の思想自体が深刻な危機におちいっていた。そこで、レーニンは激怒からさめ、すべての立て直しを決意したのである。

2

ベルン図書館の事務員は、毎朝八時半に出勤し、九時に図書館の扉を開けた。扉の前には、いつものあのロシア人が立っていた。

事務員は、ほとんど毎日、一番乗りでやってくる、この頭の少し禿げかかったロシア人のことを、よく知っていた。人から聞いた話では、この男はロシアの革命家で、もう長いこと、妻といっしょにスイスで亡命生活を送っているらしかった。

しかし、事務員はそんなことよりも、このロシア人のかっこうとか、仕種とかが、妙に気になっていた。平凡なのだけれど、どこか人の心をひきつけるものを持っているのだ。男はいつも安物のズボンをはいていた。そのことが気になったのは、このロシア人がそのズボンの裾を、ときどきまくりあげたまま、読書に没頭していたからである。たしかに、町のぬかるみをよけるために、ズボンの裾をまくりあげて歩くのは、スイス流だとは言える。しかし、この男は図書館に入っても、そのことをすっかり忘れて、昨日と同じ「論理学、一。一七五」の番号の本を借り出し、それを持って、一目散にいつも窓際の席に座り込んで、読書にとりかかり、そのまま昼休みに家へ帰ってしまうことも、しょっちゅうだった。

事務員はまた、この男の読書中の仕種が面白くて、気がつかれないように、ときどき盗み見していた。彼は禿げかかったまばらな髪を、いつものような手つきでなでつけ、読書に没頭した。ほんのときどきだが、立ち上がることがあった。そういうとき、彼は書棚から辞書をとりだして調べものをしたり、そのまましばらく、部屋の中を熊のように行ったり来たりして、ものを考えつづけるのだった。そして、いきなりすばやい身振りで机につくと、小さな文字で、ノートに手早く熱心に、何かを書きつけるのだった。

暮らす先々の町の図書館を利用して勉強する、というレーニンのこの習慣は、亡命時代の彼の生活に、ひとつのリズムをつくりだしていた。レーニンは政治活動に、少しでも暇ができると、かかさずに図書館にでかけた。パリに生活していたときは、遠いビブリオテク・ナショナルまで、彼は交通のはげしい道路を、自転車をこいででかけなければならなかった(4)。それにくらべると、スイスの図書館はすばらしかった。閲覧も貸出も、とてもシステムがよく出来ていて、レーニンは革命が実現したら、ロシアには絶対に官僚的なフランス式図書館ではなく、気軽なスイス式の図書館をつくろうと、決めていたくらいだった。だから、彼が人生のうちで、もっとも深く真剣に、哲学の研究に取り組んだこの時代を、ベルンやチューリヒで過ごすことができたのは、彼にとっては、とても幸運だったと言える。

クルプスカヤは、こう書いている。

一九一六年の秋と一九一七年のはじめに、イリイッチは理論的な仕事に没頭した。かれは、図書館の開いている間のすべての時間を利用しようと努めて、朝は正九時までに図書館へ行き、一二時まで坐り通し、ちょうど一二時一〇分に帰宅し（一二時から一時まで図書館はやすみであった）、昼食後はさらに図書館にでかけ、六時まで坐り通した。家で勉強することはあまりうまくいかなかった。わたしたちの部屋は明るかったけれど、ひどい悪臭の立ちこめる外庭に面していた。というわけは、外庭に面してソーセージの工場が立っていたからである。そのため、夜更けになってはじめて部屋の窓を開けるありさまであった。

図書館の閉ざされる毎木曜日の昼食後には、わたしたちはチュウリッヒベルグ山に登った。イリイッチはふつう、図書館のかえり途に、焼きくるみのはいった一枚一五サンチームする灰色の板チョコを二枚買って来た。わたしたちは昼食後に、これと本を持って山に上るのであった。この山には、人のあまり来ないしげみの中に、わたしたちのお気に入りの場所があった。イリイッチはここの草の上に寝て、一心に読んだ。(5)

そのころ、ヨーロッパの全土には、第一次大戦の戦火がますます広がっていた。あらゆる戦線が膠着状態におちいり、戦争が始まったばかりのころには盛んだった、民族主義の熱狂も、しだいに冷めていった。しかし、それにもまして、労働者のあらゆる組織は、仮死状態にあった。第二インターナショナルはすでに崩壊し、革命家たちは、孤立におちいっていた。そのような時代に、レーニンは図書館にたてこもっていた。彼は哲学の研究に没頭していたのだ。

レーニンは危機におちいるたびに、哲学の探究に打ち込む、という癖があった。だが、今度の危機は、以前にボグダーノフたち「ロシアのマッハ主義者」と、哲学的な論争をおこなったときよりも、はるかに深刻な危機だった。以前のときは、前線から後退して（一歩前進、二歩後退）、動揺しない陣地を固めるための時期だった。レーニンのなかにも、まだ今がその時期ではない、ということがよくわかっていた。しかし、今度はちがう。今がその時期で、しかも、このチャンスを逃したら、もう自分が生きているあいだには、二度とそういう機会は訪れないかも知れない、いまがその決定的な時期だということが、レーニンにはよくわかっていた。

すべてが流動していた。ヨーロッパのあらゆる国々を動揺させている、この戦争のなかから、革命の生まれる可能性が、胎動していた。しかし、その可能性を現実化する主体の側には、そのために必要な「意識」が欠けていた。希望の萌芽は、たしかに大地の下に芽吹いていているようだった。だが、地上では、いっさいの希望を凍え死にさせる無力感が、あたりを支配していた。

そのときに、レーニンはベルン図書館で、ヘーゲルの研究をはじめたのだ。『大論理学』『エンチクロペディー』『哲学史講義』……彼は、深く、深く「後退」した。より強く矢を射放つために、弓をいっぱいに引きたわめるために、彼はマルクスをこえて、その思想の生みの父であるヘーゲルに、深々と入り込んでいったのである。

なぜこのときに、ヘーゲルだったのか。レーニンはこの危機のときに、マルクスのしたことを模倣してみることで、突破口をみいだそうとしたのだ、と私は思う。マルクスは十数年をかけて『資本論』を書いているあいだ、くりかえし、ヘーゲルの『大論理学』を読みなおしていた。そして、その第一巻が出たとき、そこにつぎのように書きつけた(第二版後記)。

> ヘーゲルの弁証法の神秘的な面を私は三〇年ほどまえに、それがまだ流行していたときに、批判した。ところが、私が『資本論』の第一巻の仕上げをしていたちょうどそのときに、いまドイツの知識階級のあいだで大きな口をきいている不愉快で不遜で無能な亜流が、ヘーゲルを、ちょうどレッシングの時代に勇敢なモーゼス・メ

ンデルスゾーンがスピノザを取り扱ったように、すなわち「死んだ犬」として、取り扱っていい気になっていたのである。それだからこそ、私は自分があの偉大な思想家の弟子であることを素直に認め、また価値論に関する章のあちこちでは彼に特有な表現様式に媚《こび》を呈しさえしたのである。(6)

レーニンは、このマルクスの創造の行為を再現することで、最大の思想的危機に、立ち向かおうとしたのだ。『資本論』を創造しているとき、マルクスの前には、広大な未知が広がっていた。そして、いまレーニンの前に広がっているものも、未知なのである。世界大戦の発生という新しい事態に立ち向かうための、出来合いのマニュアルなどなにもなかった。彼は、それをはじめから、自力でつくりださなければならなかった。その創造のときに、彼はヘーゲルにまでたちもどることによって、マルクスの創造の身振りを、再現しようとした。そのために、ベルン図書館のレーニンは、あの事務員に頼んで、ヘーゲルを借りだした。

そして、このとき、レーニンはヘーゲルを、衝撃とともに、再発見したのだ。驚きとともにヘーゲルを読みながら、彼はのちに『哲学ノート』と呼ばれることになる紙の束に、こう書きつけた。

ヘーゲルの『論理学』の全体をよく研究し理解しなければ、マルクスの『資本論』、特にその第一章を理解することはできない。だから、マルクス主義者のうち誰も、半世紀もたつのに、マルクスを理解しなかったのだ!!(7)

この言葉を、じつはレーニンは自分自身にもむけているのである。レーニンのこれまでの哲学的な立場、とくに『唯物論と経験批判論』で表現された思想にたいして、彼は批判をむけようとしている。その本のなかであたえられた、唯物論と観念論についての定義のすべてが、いまや揺らぎはじめた。弁証法と唯物論が、彼のなかで、いままで見たこともないような形に、変態をはじめた。

ここから、レーニンの唯物論の新しい段階がはじまる。ベルン図書館の一室に、ズボンの裾をまくり上げたままに座り込んだレーニンは、ヘーゲルの上に立って、いまだかつて出現したことのない、未知の唯物論思想を創造しようとしていたのである。

3

ヘーゲルを読みながら、レーニンはときどき、奇妙な錯覚におそわれた。

これはほんとうに、あの悪名高い「絶対的観念論」の哲学者が書いたものなのだろうか？　いや、ここにあるのは、表現の角度を変えた、唯物論哲学なのではなかろうか？　ヘーゲルはすでにのりこえられた、などと語ったのは、いったい誰だ？　それどころか、ヘーゲルはいまだに、現代の誰をも、凌駕しているではないか。

レーニンはそれまで、ちゃんとヘーゲルを読んだことがなかったのを後悔した。彼は若いときに、エンゲルスの書いた『フォイエルバッハ論』を読み、それでヘーゲルはすでに、マルクス主義によって克服され、のりこえられているのだ、と思いこんでいた。ところが、事実はそうではなかったのだ。「ヘーゲルの観念論を唯物論によって転倒する」という表現が、いかに曖昧なものであるかを、彼は思い知らされた。ヘーゲルの思想と唯物論の関係は、考えられているよりも、はるかに複雑で、入り組んでいる。そして、その領域の探究は、手つかずのまま放置されているのだ。レーニンは、そこが可能性の沃野であることを直観した。

彼は、ノートにつぎのように書きつけた。

> 愚かな唯物論よりも賢明な観念論の方が賢明な唯物論に近い。より正しく言えば、賢明な観念論とは弁証法的な観念論であり、愚かな唯物論とは、形而上学的な、発展のない、生命のない、生硬な、運動のない唯物論である。[8]

彼には、同時代のマルクス主義者たちの語る「唯物論」が、ヘーゲルの哲学よりも、賢いとは、どうしても思えなかったのだ。ヘーゲルの哲学は、観念論と言われているのに、現実の歴史におこったことの意味を、総体的に、正確にとらえ、解読するための方法を、具体的にしめしてみせている。これにたいして、現代の唯物論者たちは、政治や経済や社会の世界に、現実におこっていることの真実の意味を、いつもとらえそこなって、まちがった判断や、まちがった決定ばかり下している。唯物論とは、客観世界の運動を、正確にとらえるための方法ではないのか。もしそうならば、ヘーゲルの観念論こそ、唯物論的と呼ばれるべきなのではないか。

レーニンは、自分の唯物論の思想とヘーゲルの観念論哲学とが、奇妙なループを描きながら、ひとつながりになっているように感じられた。不思議なことだが、事実なのだ。この「ねじれながら、ひとつながり」という不思議な感覚を、レーニンはまるで「とんぼがえり」みたいだ、と思った。

……客観的観念論は（そして絶対的観念論はいっそうそうだが）まがりくねり（そしてとんぼがえりをうって）唯物論のすぐ近くへ近づき、部分的には唯物論に転化している。……(9)

とんぼがえりをうって――正確な表現だ、と思う。平面の上でとんぼがえりをうったためには、二次元にプラス、もう一つの次元が必要だ。観念論という平面の上でジャンプして、空中でとんぼがえりをうって、もういちど平面に着地してみると、自分が唯物論への変態をおこしているのに気がつく。そうすると、ねじれをおこしたり、ひっくりかえったりしている、空中の三次元の空間では、観念論と唯物論は、同じだけれどもちがっている、という不思議な状態にあることがわかる。ヘーゲル風に表現すれば、「対立的に統一されている」ことになる。

自分の考えている唯物論と、ヘーゲルの絶対観念論とは、このような「とんぼがえり」の関係にある、とレーニンは言うのだ。ふたつは、概念どうしが高次元の回転をおこす空間のなかで、ひとつのものになってしまう。しかし、それがふたたび言葉の平面に着地してくると、観念論と唯物論に別れてしまう。レーニンは、ちがうものが同じで、対立するものが統一されている、そのとんぼがえりの空間の中に、唯物論をひきこんで、それを豊かなものに改造しようとした。

だが、どうしてこんなことがおこりうるのか。そのためには、観念論と唯物論がおたがいにジャンプして、とんぼがえりして、おたがいの入替えを実現できる、高次元性をそなえた概念が必要になる。ヘーゲルの絶対観念論と、レーニン的唯物論において、それを実現しているのは、ほかならぬ「客観的実在」の概念だ。

レーニンによる「物質」の定義を思いおこそう、二〇世紀のはじめ頃、物理学は「物質の消滅」を議論して、哲学的唯物論の不可能であることを、あきらかにしようとした。そのとき、レーニンは、哲学における物質の概念は、物質の構造についての、歴史的に変化をよぎなくされる、物理学のさまざまな理論によっては影響をうけないのだ、と語って、「物質」をこう定義した。「哲学的唯物論が認めなければならない、物質の唯一の〝性質〟は、客観的実在であるという性質、われわれの意識の外に存在するという性質だからである」。あらゆる意識の外に、また意識とは独立に存在する客観的な実在としての「物質」。それが、すべてだ。レーニンはここで、物質についての、いっさいの機械的な理解を拒絶したのである。

ところが、これときわめてよく似た「実在」の思想を、私たちは意外なことに、ヘーゲルの観念論哲学の中心部に発見することができるのだ。ヘーゲルの体系は、まったく「実在論」的なのである。彼の体系は、デカルトよりもはるかに実在論的であり、物自体の実在については何も語ろうとしないカントや、物を知覚の複合としてとらえるヒュームやマッハの思想が観念論であるという意味では、ヘーゲルはまったく観念論的ではない。それは、主観の外の実在を、堂々と語り出そうとする。ヘーゲルの哲学は、ほれぼれするほどに「実在論」的なのである。

ヘーゲルは若いときに書いた、有名な論文のなかで、つぎのように明言している(10)。

主観的なものだけでも、客観的なものだけでも(それだけでは)意識を満たさない。純粋に主観的なものは、純粋に客観的なものと(まったく)同じく(一つの)抽象されたものである……主観と客観との同一性があるため、私自身を措定するときと同じ(主観的)確信でもって、私は私の外に物を措定する。私自身が確実に現存しているように、物もまた(主観にとり)まったく確実に現存在している。(11)

ヘーゲルは『精神現象学』のなかで、主観と客観の弁証法について語っている。そのときでも、彼は、客観を人間の主観の活動のつくりだすものとは、まったく考えていない。それどころか、ヘーゲルにとって、主観の働きになにかの意味があるとしたら、それは主観の外に、主観から独立して存在する、客観の実在が考えられるときだけなのだ。

このとき彼は、人間の知覚や思考のなかで(主観の中で)働いている自己運動と、その外にある客観をつきうごかしている自己運動とが、同じ実体をもつ、と考えている。その実体を彼は、みずからの意志で、自分を展開していく能力もそなえた「精神(ガイスト)」と呼んでいる、自我や主観が、オートポイエーシス的に、自分に限界をもうけて、その外に客観の世界をつくりだしているのではない。客観は、主観の外に実在している。すべては、「精知(それは主観の活動だ)は、その客観を開示することができるだけだ。

神(ガイスト)」の自己運動においておこり、そこで客観は実在し、主観はそれを開示することができるだけだ。知がすべてではない。知の外に、知から独立して存在する客観があって、はじめて知は活動できる。ヘーゲルの立場は、徹底して、客観的なのだ。

ヘーゲルがここで「精神(ガイスト)」と呼んでいるものが、いったい何なのかを語るのは、とてもむずかしい(そのことが次章「はじまりの弁証法」の主題となる)。しかし、ひとつだけたしかなことは、この「精神」が、レーニンの言う「物質」と、きわめて多くの共通点をもっている、という点である。

レーニンによれば、客観の世界は、「物質」とか「絶対的自然」と呼ばれる、無限の階層性をそなえ、自己運動をおこなう実体によって、生み出されてくる。その「物質」の運動が、生命をつくりだし、人間の大脳を形成して、ついには意識を生む。そして、この意識(主観)が、客観を認識によって開示する。ここでも、すべては「物質」とよばれる自己運動する実体においておこり、そこで客観は実在し、主観がそれを開示する。

ヘーゲルの観念論と、レーニンの唯物論とが、「とんぼがえり」をおこなって、おたがいに移行しあうのは、まさにここにおいてなのだ。どちらにおいても、客観は外に実在し、主観がそれを開示する。主観と客観は、対立しあいながら、同一なのである。ヘーゲルの場合、主観と客観が対立しながら同一であるような運動を、「精神」と呼んでいる。そして、レーニンはそれを「物質」と呼ぶ。

「とんぼがえり」は、ヘーゲル的「精神」とレーニン的「物質」をひとつにつなぐ、高次元な概念の場でおこる。この高次元の概念の場があるからこそ、ヘーゲルの観念論の体系の唯物論的「改作」が、可能になるのである。ヘーゲルの言う「精神」を、機械的に(エンゲルス的に)理解された「物質」におきかえることによっては、そのような「改作」は不成功に終わるだろう。そのようにしてつくられた「史的唯物論」は、ヘーゲルの歴史認識の深さには、とうてい及ばない。

だが、レーニンが『哲学ノート』でもくろんだように、絶対的な観念論と唯物論とが、メビウスの帯様の転化と移行をおこす、高次元概念をもとにして、そのような「改作」をおこなうとしたら、そこからは別の可能性を発生させることができるかも知れない。現代の私たちは、その高次元概念に、新しい名前をあたえることで、レーニンよりも少しばかり前進した地点にいる。至高性、過剰なもの、ディフェランス、ノマドロジー。こういったものが、それにあたる。(12)

だから、レーニンの考える唯物論では、唯物論と観念論は、単純に対立しているのではない。むしろ、唯物論という言葉は、そこでは絶対的な意味をもっている。「かしこい観念論」は、この高次元概念を通過すると、「かしこい唯物論」に変態をとげることを、レーニンはみいだした。このことを逆に言うと、「かしこい唯物論」はまた、同じ地点を通過して、「かしこい観念論」に転化する、ということでもある。その変態と転化のおこる「とんぼがえり」する空間の中で、はじめて彼の唯物論は効力を発揮するのだ。

観念論と呼ばれつづけた、ヘーゲルの恐るべき客観哲学は、あらゆる観念論を無効にしてしまう力をもっている。それと同じように、絶対の唯物論であるレーニンの哲学も、ふつうの意味でのあらゆる唯物論を、破壊し完成するためのもくろみとして、理解することができる。ヘーゲルの「精神(ガイスト)」と同じくらいに、レーニンの「物質」は、謎をはらんで、奥深い。レーニン的「物質」の概念のはらむ起爆力は、いまだかつて、世界に解き放たれたことがない。

4

禿げかかった頭をかきあげながら、図書館のテーブルで、読書に没頭するレーニン。彼はいきなり、切れ味のよい動作でたちあがり、部屋の中を動物のように歩き回りながら、思考を開始する。子供の頭をなでるときのレーニンの動作ほど、デリケートな動きを見たことがない、とゴーリキーは語る。地面に寝そべった犬たちは、自分たちのおなかを、こんなに気持ちよくなでてくれる手を、ほかには知らないと感じている。レーニンにおいて、身のこなしの屈伸性とデリカシーは、彼の人格の重要部分を構成している。

同じように、哲学においても、思考の屈伸性とデリカシーこそが重要なのだ、とレーニンは考えていた。いかめしい『論理学』を読みながら、レーニンはつくづく、このヘーゲルという男の思考力のもつ、屈伸性とデリカシーに感心していたのである。たとえばヘーゲルは、「矛盾」というものを、どうやったら思考が正しくとらえることができるかについて、つぎのように語り出す。

矛盾というものはたんにあちこちに現われる一つの異常と見るべきものではなく、それは、その本質的な規定のうちにある否定的なもの、**あらゆる自己運動の原理**であり、あらゆる自己運動は矛盾の現示にほかならない。外的な感性的運動そのものがすでに矛盾の直接的な存在である。あらゆるものが運動するのは、この今においてはここにありそして他の今においてはそこにあるからではなくて、同一の今においてここにありかつここになく、同一のここにおいてあると同時にないからである。(13)

ヘーゲルは、ライプニッツと同じように、「存在」というもののうちに、内的な自己運動を発見していたのである。ライプニッツのモナドは、自分の内部に「欲求」や「衝動」をかかえていて、自分が自分であること(同一性)と同時に、自分でないものに移行していこうとする否定性をかかえていた。だから、モナドは、どの瞬間にも、いきいきとしていることができたのだ。ヘーゲルは、この力動的な思想を、さらにエッジの強い表現に塑型しなおしたのだ。あるもの(存在)は、同じ今ここにおいて、ここにあり、かつここになく、これである(同一性)であり、かつこれでなく(否定性)、つまりは矛盾であり、矛盾であることによって、自己運動をおこなうのだ。ヘーゲルはつづける。

> **抽象的**な自己同一はまだなんら生動性ではない。肯定的なものがそれ自身否定性であるということ、このことによってはじめて肯定的なものは自己の外へ出、変化のうちに自分をおくのである。だから、或るものは、自分のうちに矛盾を含んでいるかぎりにおいてのみ、しかも矛盾を自分のうちに容れ、持ちこたえる力であるかぎりにおいてのみ、生動的である。(14)

これらの文章を読みながら、レーニンは舌を巻いていたのだ。思考のこの躍動感はなんだ。かぎりなく抽象的な言葉をつかって思考を表現しているのに、ヘーゲルの手にかかると、そのドライな抽象語が、まるで生き物のように動きだすのだ。それは、彼のことばが、存在の見えない奥底でおこっている事態を、正確に反映しているからだ。

ヘーゲルはまるで、あのカプリ島のすぐれた漁師のようではないか。漁師は、見えない水面下に、魚の動きを感知している。そして魚が針に触れる。見えない水面下で、ピチピチとなにかがはずんでいるのがわかる。そこで、ドリン・ドリンだ。魚と釣り糸の、ふたつの生動性が出会う。それと同じように、ヘーゲルの哲学表現において、存在の奥底に躍動する、ピチピチとした生動性が、ヘーゲルの思考言語の生動性と、みごとな合体をおこしている。ヘーゲルはそこで、すぐれた思考の漁師の確信と自信をもって、こう書きつける。

ところで思考する理性は、差異的なものの言わば鈍い区別、表象のたんなる多様性を、本質的な区別すなわち対立にまで鋭くする。多様なものは、矛盾という頂点にまで推しやられてはじめて相互にたいして動的で生き生きとしたものとなり、矛盾のうちではじめて自己運動と生動性の内在的脈動である否定性を得るのである。(15)

レーニンはここで、ヘーゲルが表象というものを否定していることに気がついた。表象はじつに多様だ。それは言語的なものの差異にもとづいて、現象にあらわれた差異と矛盾をとらえ、表現しようとしている。しかし、表象はそこで、矛盾をしっかりとつかみとり、矛盾の中にあっても、自分自身をしっかりと保つことができずに、矛盾に支配されてしまっている。漁師のたとえで言おう。表象の釣り糸は、魚の動きをとらえ、針にひっかけるのに、とりあえずは成功する。しかし、その魚の力動性に圧倒されて、逆に魚に支配されて、ひっぱりまわされてしまうのだ。

思考する理性は、そうであってはならない、とヘーゲルは言う。表象ということばは、もともと「前‐に‐立てる」という意味をもっている。表象は、自己運動する存在の「前‐に‐立てられた」ものだから、矛盾を自分の内容として持ってはいても、どうしても、運動そのものにたいしては、外的なものにとどまってしまう。思考する理性は、そういう表象を否定しなければならない。「前‐に‐立てる」のではなく、その「内在的脈動」の内部にまで入り込んで、表象の多様性としてあらわれていた差異と内部の脈動とをつなぐ神経そのものとなって、鋭敏な差異を本質的な対立につくりかえる。これこそが、思考する理性の極意である、とヘーゲルは断言する。

ヘーゲルは思考を、ことばのもっとも深い意味において、「アルス(技芸)」としてとらえていた哲学者だ、しかもその技において、彼は最高のアルチザンだ、とレーニンは思った。思考の職人ないし芸術家として、彼は素材の内部にまで入り込んでいく。そして、素材をつくりあげている自己運動と内的脈動の原理を見分けて、自分の思考をそれに合致させ、素材のなかでは潜在的であったものを、本質にまでできたえあげて、それを概念で表現するのだ。

ここに、ヘーゲルの思考に独特な、屈伸性とデリカシーの秘密がひそんでいることを、レーニンははっきりと理解している。『哲学ノート』には、それをしめすたくさんの言葉が、書きつけられた。ベルン図書館の一室で、レーニンの思考は、むくむくと自己変態をおこしはじめていた。『唯物論と経験批判論』のレーニンが、ヘーゲルの再発見をとおして、別の生命体へのメタモルフォーゼを開始した。彼の唯物論は、いまや、ゴーリキーを感嘆させた、子供の頭をなでるときの、レーニンに特有のあのデリケートさとしなやかさを、そなえるようになっていた。

5

ベルン図書館において、レーニンの哲学上の革命が遂行されたのである。この事実は、ソ連時代のロシア哲学者たちを、おおいに困惑させることになった。

彼らにとっては、『唯物論と経験批判論』の通俗的なレーニンだけが、重要だったからである。その本で、レーニンはおもにエンゲルスによりながら、認識論における「フォトコピー論」こそが、唯一の正しい唯物論の見解だ、と書いた。人間の主観の外に、それとは独立して、客観的実在としての「物質」が存在している。その客観の世界におこることを、人間の主観は、「コピー」したり、「反映」したりすることによって、認識をおこなうのだ、という考えだ。「物質」の概念については、あれほどに深い考えをもちながら、レーニン的唯物論は、この点にかんしては、まったく素朴だった。だが、その素朴な「フォトコピー論」だけが、レーニンの唯物論思想として、認められていたのだ。

ロシアの哲学者たちは、だから、『哲学ノート』の存在には、おおいに悩まされることになったのである。その中で、レーニンは、「観念論哲学者ヘーゲル」に深い共感をしめし、『唯物論と経験批判論』の自分自身を、否定的にのりこえようとしている。彼はそこで、唯物論哲学に、まったく新しいフロンティアを開きつつあったのだ。その事実を、ソ連時代のロシアの哲学者たちは、黙殺しようとした。そのために、いろいろと滑稽なことがおこった。たとえば――

『哲学ノート』[16]の「認識論における実践」の項に、レーニンはつぎのように書いて、それを枠で囲んだ。

> Alias*:
> Сознание человека не толь-
> ко отражает объективный мир,
> но и творит его.

ここに書いてあることが、つぎのような意味だということは、明白だ。

別の言い方にすると――
人間の意識(認識)は、客観的世界を反映するだけでなく、それを創造しもする。

少し先のところで、レーニンはこうも書いている。

すなわち、世界は人間を満足させず、そして人間は自己の行動によって世界を変えようと決心する。

ここで、レーニンは完全に、『唯物論と経験批判論』における、唯物論的「フォトコピー論」をのりこえてしまっている。これは、「物質」という彼のユニークな思想を、ヘーゲルの「客観的実在論」によって、複雑で豊かなものにしていくときに、とうぜんに出現すべき思想だ。たしかに、人間の意識は、客観的世界を反映する。しかし、コピーとしてそれをおこなっているのではない。

意識(主観)は、主体性をもっているのだ。主観が、自己運動する客観的実在の「脈動」に、よりしなやかに、より具体的に接近していくとき、そこで生まれる思考はよりいっそう実在の真理に近づいていく。しかし、そのとき、客観に接近していこうとする人間の主観が、自分のまわりに現実としてつくりだされている世界を見たとき、それに満足できない自分を発見するだろう。そして、意識はそれを変革し、新しい現実を、ひとつの客観性として創造しようとする。

ヘーゲルは、それをつぎのように書く。

> ところで、自分が即自かつ対自的に規定されたものであるという主観の確信は、自己が現実的であって、世界が非現実的であるという確信である……[17]

レーニンは、『大論理学』から、これらのことばを書き抜いたあとで、ノートの下の欄に枠で囲んで、ヘーゲルの言葉の唯物論的言いかえとして、さっきのことばを書きつけたのだ。それは、まぎれもないレーニンの唯物論思想なのだ(枠で囲む、ということは、このノート全体の構成では、そういう意味をもっている)。彼は、現実化された世界を意識が否定して、新しい、より客観的な現実を、意識が創造する可能性について語っている。つまり、意識は世界の単純な「コピー」でも「反映」でもなく、世界にたいする「異和性」をはらみながら、それと対立的に統一されている、という思想が、ここで語られている。

ところが、レーニン生誕百年記念にさいして、ソ連時代のロシア哲学者B・M・ケド

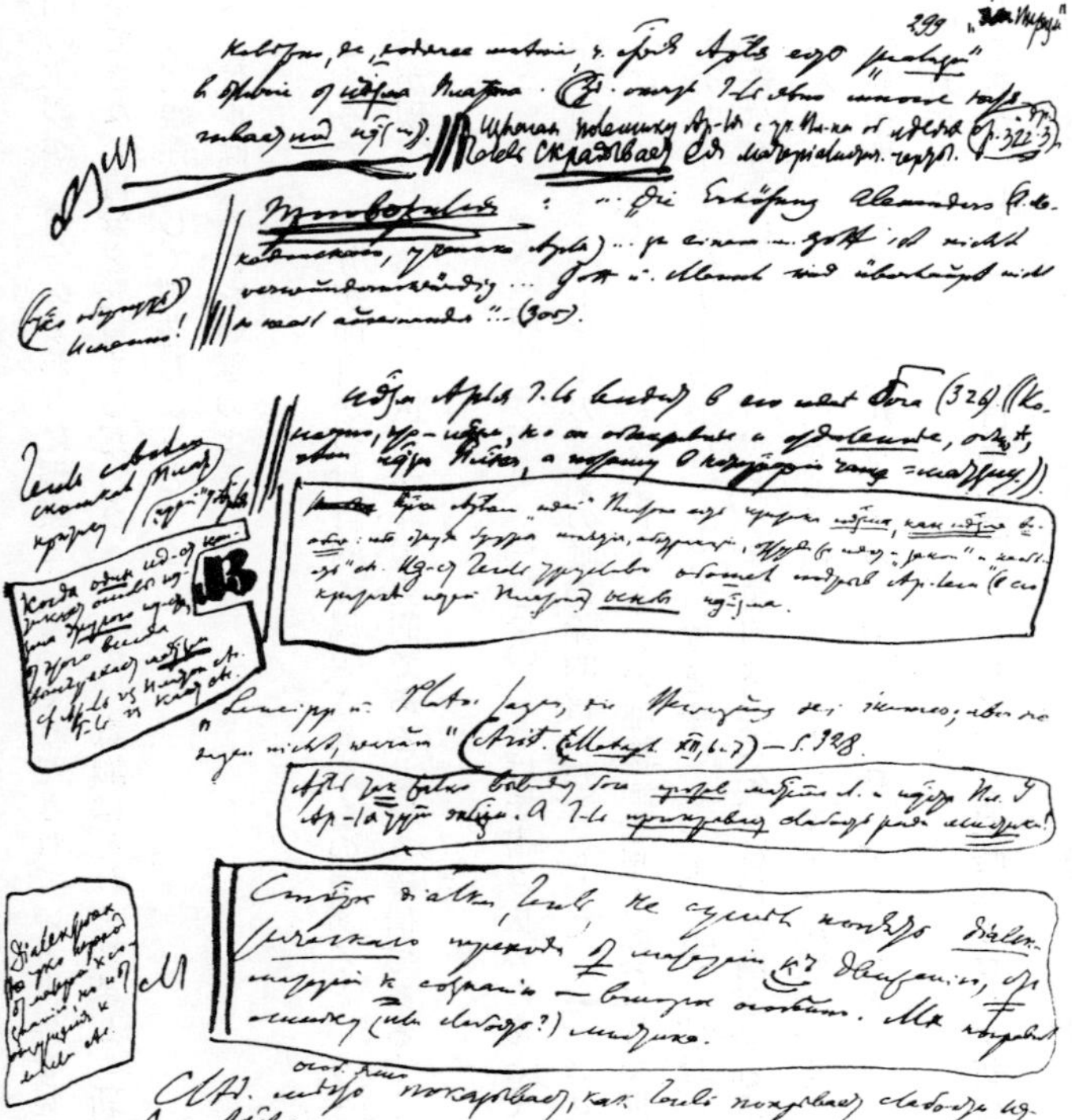

レーニン『哲学ノート』のオリジナル

ロフ教授は、『哲学ノート』のこの箇所をとりあげて、驚くべき評論を加えるのである。なんと、この箇所はレーニンの考えをあらわしたものではない、と主張するのだ。

ここで重要なのは、「Alias――別の言い方にすると」ということばで、その後ろにはコロンがついている。これは、前のノートの部分に書き抜いたヘーゲルの見解を、言い換えている、という意味しか持ちえない……「Alias」ということばとそのあとのコロンの意味を考えて見るならば、ここでレーニンは自分のものではない、他人の意見を手短に、ただ陳述しているのにすぎない、ということは、まったく疑いえないことである。(18)

ケドロフ教授は、一九一四年の『哲学ノート』が、『唯物論と経験批判論』の内容にたいして、根本的な批判を加えているのではないか、という考えを、全面的に否定しようとして、こんな無理のある議論をしているのだ。彼はレーニンを観念論化の疑惑から「擁護」するために、こう書いた。「新しい世界を創造する能力を、ヘーゲルがほんのすこしでも、理念や思考や意識に帰そうとするやいなや、その逸脱にたいして、きっぱりとした拒否と嘲笑をあびせているのである(19)」。

なんと不幸なレーニン！　彼は五〇年後の自分の「弟子」によって、彼自身のもっとも創造的な思想の核心部分を、ヘーゲルのもの、まちがった観念論のものとして登録されてしまったのだ。しかし、どう考えても、ケドロフ教授の詭弁にはいいところがない。これはまぎれもなく、一九一四年の『哲学ノート』における、レーニン自身の思想だ。私たちは、そこに一貫した思想の流れをみいだすことができる。

レーニンは『哲学ノート』で、それまでの「フォトコピー論」を否定的にのりこえて、それを徹底した「反映論」に深化させたのである。それをおこなうのに、彼はヘーゲルの同じように徹底した「実在論」を手がかりにした。ヘーゲルは、主観の外にある、客観の実在を認めている。そして、主観は「概念」の弁証法的な運動をつうじて、この実在にたどりついていこうとするのである。

この点では、ヘーゲルの思想は、観念論とはなんの関係も持っていない。彼はただ、主観と客観のその弁証法のおこる「場」の全体性を、ドイツ人らしく「精神(ガイスト)」と名づけただけなのである。この「精神」が自己運動をおこない、その運動のなかから生命と意識(主観)がつくりだされ、そうしてつくりだされた主観が、「概念」のしなやかな運動をとおして、ふたたび実在にたどりつこうとしている。ということは、この「精神」は、主観の内部にあるものではなくて、主観によって、外部の客観的実在のなかから、開示されてくるものである。

だから、それは観念論そのものではなく、観念論がその極限で、別のものに変態をおこす、その限界点をしめしている思想なのだ。ヘーゲルの言う「精神」は、じつは意識でもなければ、物質でもない。一言でいえば、それは観念をすら過剰したもの、純粋な差異そのものだ。ヘーゲルにおける観念論の殻を破れば、そこから唯物論があらわれる、とレーニンが書いたのは、そのことをさしている。

　しかし、その意味では、レーニンの唯物論も、唯物論そのものではない。それは唯物論の限界点をしめす唯物論なのだ。そして、レーニンにあっては、唯物論はその限界点で、唯物論でも観念論でもない、別の第三の思想形態への変態の直前にある。レーニン的「物質」は、自己運動しながら、自然と生命と意識をつくりだす。大脳の複雑なニューロン組織のなかで、生命の自己運動の飛躍(否定性をはらんだ飛躍、アウフヘーベン)として、思考する意識が生まれ、その思考は自然を反映し、自然のしめす複雑な自己運動の「脈動」に近づけば近づくほど、それは客観となり、「物質」の真理に接近していくのだ。

> 認識とは、思考が客観へたえず、限りなく近づいていくことである。人間の思考のうちに自然を反映する活動は、「生気のない」、「抽象的な」、運動のない、**矛盾のないもの**として理解されてはならず、運動の不断の過程、矛盾の発生とその解決の不断の**過程の**うちにあるものとして理解されなければならない。[20]

レーニン的「物質」とは、思考からも客観からも過剰した、なにものかなのだ。客観へたえず深く接近していこうとする思考は、自然を反映しながら、自然のなかから、この「物質」の真理を開示する。彼の「物質」が、意識や精神でないのは、とうぜんのことだ。だが、それはまたふつうの唯物論の言う「もの」ではない。

だから、「人間の意識は客観的世界を反映するだけでなく、それを創造しもする」のである。人間の意識(主観)が、イマジネールやサンボリックの限界をこえて(それらはまだ、客観の自己運動を正確に反映していないから)、その外にある客観的実在の「脈動」に近づけば近づくほど、人間は自分のほうが現実的(レール)で、世界のほうが非現実的であることを知るようになる。「世界は人間を満足させず、そして人間は自己の行動によって、世界を変えようと決心する」。

実践が、ここからはじまる。唯物論的な実践は、しかし、欲望する意識によって、それをおこなうのではない。ここが重要だ。意識が客観的になればなるほど、イマジネールやサンボリックを踏みこえて、客観＝実在に接近していくようになればなるほど、唯物論的な意識は、自分をとりまく世界を非現実であると考え、実践によって、それをより客観的な、新しい世界として創造しなおそうとするだろう。

それが、レーニンの考えた実践なのである。そのとき、実践する人間の内部には、

「物質」である客観の運動が、積極的に侵入してくる。主観のなかに、それをはるかに過剰した運動の質と力をもったなにものかが、侵入を果たすのだ。そのとき、人間は笑いながら、世界を変革する(ヘーゲルの「精神」は、世界の変革はうながすが、人間を笑わせることがない。レーニンの「物質」とヘーゲルの「精神」を分ける、大きな差異がそこにある。このことはあとで大きなテーマになってくるだろう)。

「物質」の自己運動が、その実践をつき動かすのである。「物質」が、弁証法をその生命としているからだ。では、弁証法とは、何か。

第四章　はじまりの弁証法

1

一九一五年に入っても、ベルン図書館でのレーニンの哲学の勉強はつづけられていた。彼は、弁証法というものの本質を、自分のやり方で、つかみとろうとしていた。レーニンは、弁証法の本質が、ヘーゲルによってはたして完全に表現されつくしているものなのかに、関心をいだきはじめた。そこで、彼は弁証法の歴史的な形成に、関心をむけだした。とくに、古代ギリシャの「はじまりの哲学者」たちが、弁証法というものをどのように考えていたか、それを知るために、彼はヘーゲルの『哲学史講義』やラッサールの『エフェソスの暗い人ヘラクレイトス』などを、読みはじめたのである。

自分の哲学は、二千年をこえる西洋形而上学の歴史を、総決算するものだ、とヘーゲルは自負していた。とりわけ、その弁証法にかんしては、古代ギリシャに萌芽の状態で発生し、プラトンによって磨き上げられ、ついにヘーゲルにいたって完成を見た、思考におけるもっともすぐれた方法である、と誇らしげに宣言された。ところが、本のなかに引用されている「弁証法の祖父」ヘラクレイトスの言葉の断章などを、注意深く読んでみると、はじまりの哲学者たちによる「はじまりの弁証法」と、ヘーゲルの弁証法とのあいだには、微妙だが、なにか重大な差異がひそんでいるのではないかということに、レーニンは気がつきはじめたのだ。

ヘラクレイトスのような、プラトン以前のはじまりの哲学者たちのスタイル、まるで「子供のような素朴さ」をもったそのスタイルに、レーニンはまずひきつけられた。「はじまりの哲学者」たちは、火、水、光、熱、湿気、臭い、闇などのような、具体的な事物をつかって、彼らの思想を表現した。そのために、その思想表現には、レーニン好みのしなやかさ、具体性、おおらかさ、動物的な感覚があった。ところが、それをドイツ観念論が「翻訳」しだすやいなや、たちまちにして、そのおおらかさや柔らかさが、消失してしまうのである。

たとえば、つぎのようなヘラクレイトスのことばとして伝承されているもの(これはアレクサンドリアのクレメンスの著作に引用されているものだ)、

世界、すなわち、すべてのものからなる一つのものは、神々や人間によってつくられたものではなく、それは、法則にしたがって燃え法則にしたがって消えながら、永遠に生きる火であったし、現在もそうであり、将来もそうであろう。(1)

この言葉が、ラッサールによって、ヘーゲル風に「自由訳」されると、このようにな

ってしまう。

> 世界は不断の生成であったし、またそうであろう。それは恒存的であるが、有から(過程的な)非有へ、そして非有から(過程的な)有へと転化しながら、その割合をかえている。[2]

この「翻訳」はあきらかな改悪だ、とレーニンは思った。ヘラクレイトスにおいては、みずみずしい複雑な運動をはらんでいた「永遠に生きる火」が、ヘーゲル風には、たんなる「不断の生成」という、学校風の概念につくりかえられてしまう。古代哲学者の語る「火」には、闇の中から立ち現れるもの、存在(有)にむかって立ち上がってくるもの、というような新鮮な運動が感じられた。それが「有」とか「非有」という概念をもって語られてしまうと、その「立ち現れ」という言葉にこめられていた、深い意味が消失してしまっているように思われた。

「有」を語るヘラクレイトスのことばには、特有の「かそけさ」がある。ところが、ヘーゲルのような近代哲学の語る「有」には、そういう「かそけさ」にたいする鈍感さや無感動な強さが感じられて、レーニンはちょっと嫌な気持ちになってしまったのだ。はじまりの哲学者にたいする、この歪曲はまったく我慢のならないものだった。レーニンは、ノートにその不快感を書きつけた。「これ〔ラッサールによるヘラクレイトス論〕は……ヘラクレイトスをヘーゲルへこじつけることによってヘラクレイトスの生きとしたもの、新鮮なもの、素朴さ、歴史的な全体性を台なしにしている、一つの見事な典型である……まったく我慢がならない(3)」。

何かが見えなくなっているのだ。ヘラクレイトスには見えていたものが、近代の思考には、見えなくなっている。同じ「弁証法」という言葉で語られながらも、はじまりの哲学者が語ったものと、近代の観念論哲学が語ったものとの間にある、微妙で根本的な異質性を、このときレーニンは直観している。ヘーゲルは、ヘラクレイトスのような古代の哲学者の知性がとらえていた何物かを「忘却」してしまうことによって、彼の近代的な弁証法を語ることができたのではないだろうか。弁証法には、「歴史的な全体性」があるはずだが、ヘーゲルの哲学は、その全体性を表現しつくしているか、どうか。

じつは、レーニンの唯物論思想は、ここできわめて重大な、現代的問いに触れようとしているのである。もしも彼がこのとき、この問題をもっと深く追求することができていたならば、「弁証法の本質」をめぐるこの問いかけは、唯物論にさらに新しいフロンティアを開く、きっかけとなったはずのものだった(4)。だが、その問いかけに真っ正面から答えていくためには、二〇世紀の新しいギリシャ古典学による原典の発掘と、ハイデッガーによる深遠なその哲学的解読の試みが必要となる。亡命地の革命家レーニンには、その準備も時間もなかった。レーニンは、だからここで直観にとどまるしかなかった。しかし、彼が『哲学ノート』につづった、弁証法的唯物論をめぐるそのスケッチ(とくに「ヘーゲルの弁証法(論理学)の見取図」と「弁証法の問題によせて」の部分)には、あきらかにこの直観が、反映されているのである。世界中の彼の「弟子」たちは、ほとんど誰も、そのことに気がつかなかった。ところがじっさいは、「唯物論と観念論」とか「弁証法と形而上学」などという、およそ繊細さを欠いた概念をつかって思考しながら、『哲学ノート』にちりばめられたレーニンの唯物論は、そういう概念のすべてが、いずれ無効になってしまうような、大胆な前線地帯をみずから創造したのである。

2

プラトン以前の哲学者の原典研究が、いまほど進んでいない時代には、ヘラクレイトスの「弁証法」について語られるときには、つぎのようなアレクサンドリアのユダヤ哲学者フィロンの文章を引用することがよくおこなわれ、『哲学ノート』にも、そのことばが書き抜かれている。

なぜなら、一つであるものは、二つの反対物からなっているから、それを二つに切ると反対物が認識できるようになる。この命題こそ、ギリシャ人が、かれらの偉大で有名なヘラクレイトスがその哲学の先頭におき、新しい発見の一つとして誇ったと言っている、その命題ではなかろうか……同じように、世界の諸部分は、二つに分割されており、たがいに対立しあっている。地は山と平野に、水は甘い水とからい水に……大気も同じく冬と夏、春と秋に。そしてヘラクレイトスはここから、その自然にかんする詩巻をまとめた……(5)

この引用からも、ヘラクレイトスの関心が、自然(ピュシス)にあったことがわかる。自然が変化をおこない、その内部では複雑な質の変容が観察される。冬の中からは、春が立ち現れ、春は夏に変容をとげて、その夏も自分の内部から秋に変化し、秋はふたたび冬を出現させる。世界をつくりあげている部分は、いたるところで、質の差異をはらんでいる。そのような生成し、変化する自然の本質を、ヘラクレイトスは「一つであるものは、二つの反対物からなっているから、それを二つに切ると反対物が認識できるようになる」と表現した。

レーニンが言うように、このヘラクレイトスの命題こそ、弁証法の重要な本質であるとすると、弁証法はもともと、自然(ピュシス)というものに、深く結びついた思考法であったのではないか、ということが予想される。

ところが、ハイデッガーになると、むしろヘラクレイトスの存在(有)をめぐる全思想は、この「ピュシス」というギリシャ語がはらむ、深遠な意味内容にかかわっており、さきの命題などは、そのピュシスの本質と認識法にかかわるもので、それを近代の「弁証法」に還元することはできない、という強調がおこなわれるようになった。つまり、ヘラクレイトスにとっては、ピュシスのほうが本質的で、弁証法はそこから派生するものだ、と考えられるようになるのである(6)。

ハイデッガーのこの考え方は、当時のギリシャ人が、どんな精神的な風土にとりかこまれて生きていたのかを考えると、とても説得力をもつようになる。彼らは、自然や生命や存在(有)ということを、近代人のようにはとらえなかった。いや、近代人どころか、プラトン以後の哲学者のようにすら、思考しなかったのだ。ヘラクレイトスは弁証法的に思考した。しかし、彼はヘーゲルの言う意味では、けっして弁証法論者ではなかった。ふたりの弁証法はちがう。それは、ふたりが存在(有)について、ちがう理解をもっていたからだ。

このことをあきらかにするために、ハイデッガーは、つぎのようなヘラクレイトスの不思議な思考断片に、詳細な分析を加えてみせるのである。

いまだかつて没することのまったくないもの(こと)には、誰ひとり覆蔵されたまま

でいることはできない。(7)

ハイデッガーはこう考える。ここで「いまだかつて没することのまったくないもの(こと)」と否定形で言われているものを、肯定の形で表現すると、「不断に立ち現れること」となる。これを、ギリシャ語では、「不断にピュシスする」と言う。ピュシスは、覆い隠されていたものから立ち現れてくる、という意味をもつ。そうなると、このヘラクレイトス断片は、「不断にピュシスするものには、誰ひとり覆蔵されたままでいることはできない」、つまり、「有(存在)はピュシスのうちにある」という意味をもち、ここにピュシスをとおして、いっさいの有(存在)の有性(存在性)が、語りだされていることになる。(8)

はじまりの哲学者たちは、このピュシスを、自然と人間の世界の、いたるところにみいだしていた。大地から、穀物の芽が吹き出してくるとき、春になって、むせかえるような生命力に押し出されるようにして植物が発芽し、花が咲き開くとき、夜明けの空に太陽があらわれるとき、そこには「立ち現れること(ピュシス)」がおこっている。そればかりではない。人々の注目の中に、まさにその注目の的の人間が立ち現れるとき、人々の会話をとおして、ひとつのディスクールの世界がそこに出現してくることも、会話をとおして、ある人の心情や考えがあらわになったり、遊戯をしているうちに夢中になって、ふだんは表に出ないように隠しておいた性格が露呈したりすること、それもすべて「ピュシス」にかかわる現象なのだ。

「弁証法の祖父ヘラクレイトス」は、ピュシス(立ち現れること)をとおして、存在を思考する人だったのだ。彼はこの世界が、不断に立ち現れること、ピュシスのうちにあることを見ていた。そして、その本質を燃え上がるもの(火)と名づけたし、存在が不断の立ち現れのうちにあるとしたら、その本質はまた、変化と流転でもある、と考えた。

だから、ヘラクレイトスにおいては、弁証法もまた、ピュシスのうちにあることが考えられる。存在(有)が、不断の立ち現れのうちにあるとすれば、有ることの同一性に、その本質を求めることはできない。それは矛盾のうちにある。同一であるものは、同じ瞬間には、もう別のものであり、世界は存在であるかぎり、いたるところ矛盾によって充満し、充実し、矛盾によって休むことがない。それは、人間と神々が、ともどもにピュシスのうちにあるからだ。

しかし、とハイデッガーは、これにさらにつけくわえる。はじまりの哲学者にとって、ピュシスと同じほどに重要な、もうひとつの根本語があったことを忘れてはならない。それは「ゾーエー」ということばだ。ゾーエーはふつう「生命」と訳されている。しかし、これはまちがった翻訳で、ゾーエーはもともと、ピュシスと同じように、「立ち現れること」という意味をもち、生そのものが、この立ち現れのうちに思考されていた

のだ。(9)

ヘラクレイトスは、不断に立ち現れることを言い換えて、不断にゾーエーしていること、つまり不断に生きていることと表現している。存在(有ること)は、ピュシスのうちにあり、生きていることは、ゾーエーのうちにある。弁証法は、はじまりの哲学者たちのもとでは、このピュシス＝ゾーエーの本性を表現するものとして、はじめて意味をもった。生と有の本性が、弁証法なのである。

このピュシス＝ゾーエーは、有でも非有でもなく、またそれらの統一としての生成でもない。それは、有からも、非有からも、生成からも、あふれかえるものをそなえている。このことばで、はじまりの哲学者たちがとらえようとしたものは、そうした近代の諸概念を踏み破ってしまう力に触れているのだ。どうやらヘーゲルは、近代の哲学者として、「はじまりの弁証法」のもつこの途方もなさを、感じとることがなかったようなのだ。

このことを、もっと深く理解するためには、はじまりの哲学者たちが生きていた具体的な世界のことを、もっとよく観察してみる必要がある。彼らは哲学者として、ただ抽象的にものを考えることによって、ピュシスやゾーエーとしての存在(有)や生のことを、語っていたのではない。ピュシスやゾーエーは、たんなる思索のことばではなく、その世界では、哲学者ならぬ多くの人々が、哲学とはちがった表現形式をとおして、まさにピュシスやゾーエーの現実性を、なまなましいかたちで体験していたのである。それはほかならぬ、ディオニュソスの祭儀のことだ。

はじまりの哲学者たちが活躍していた頃、ギリシャ人の住む土地のいたるところで、このディオニュソス祭儀がおこなわれていた。この祭りは、時代をへるにしたがって、次第に内容や形式を変え、プラトンの頃のアテネでは、もうヘラクレイトスたちが体験していたような、古い形の儀礼はおこなわれなくなり、神秘的な密儀としての性格を強めていたらしい。ところが、古い形にさかのぼればさかのぼるほど、この祭儀はより素朴で自然な形態をとりもどし、それがピュシスとゾーエーを主題とした、「野性の思考」の産物であることを、はっきりとあらわすようになるのである。[10]

ヘラクレイトスたちが知っていた形でのディオニュソス祭儀では、人々が葡萄酒を飲んで踊ることと、動物の供犠(サクリファイス)とが、儀礼の中心になっていた。自分たちの子供のようにして、大切に育ててきた美しい牛の生命を、できるだけ荒々しいかたちで破壊して、その動物を殺すのである。それに、ディオニュソスという神様そのものが、子供の神であり、しかも生まれるやいなや殺害された子供の神だとも言われていた。

ディオニュソスの神自身も、またこの祭儀そのものも、まるで矛盾を本質としているかのような、謎にみちている。しかし、そこには人間の実存をめぐる、深い思索が潜在しているのだ。二〇世紀の神話学者ケレーニイは、それについてこう考える。[11]見るからに美しい牛を殺害するこの荒々しい儀礼をとおして、古代ギリシャの人々は、生命の個体的なかたちを破壊することによって、その身体の内部から、個体性をこえた、死によっても破壊されない生命の本質を露呈させようとしていたのだ。そして、その「死によって破壊されない生命」のことを、彼らは「ゾーエー」と言ったのである。

ケレーニイによれば、この時代のギリシャ人には、生命をあらわすことばとして、「ビオス」と「ゾーエー」があった。バイオロジーの語源でもあるビオスは、個体的な生のあり方をさしている。ビオスは、ひとつひとつの生命システムのなかで活動し、有機体の生命が終わると、ビオスは死とともに破壊され、消滅する。ところが、ゾーエーは、そうではないのだ。

ゾーエーは、自然をもあらわすピュシスと同じように、「不断に立ち現れる」ものをあらわしている。個体的な生命をとおして、それは存在の中に不断に立ち現れ、個体の死によっても破壊されない。ゾーエーはビオスの内部で活動することによって、存在の中に立ち現れる。しかし、それは個体性をこえていて、しかも時間の現象でもなく、このゾーエーのうちに、無数のビオスで構成される生命の世界の全体はあるのだ。

ディオニュソスの祭儀は、個体であるビオスの生命の内部から、荒々しいかたちでゾーエーが立ち現れてくる、その瞬間をとらえようとする表現の形だったのだ。そのためには、あらゆる個体の中でもっとも美しい個体が選ばれ、その身体をできるだけ暴力的に破壊することによって、その中からゾーエーが露呈される、その瞬間をとらえ、祝うために、人々はこの祭儀をおこなった。

はじまりの哲学者たちは、このような体験をとおして、ゾーエーやピュシスの実在を理解していたのだ。「立ち現れるもの」であるゾーエー＝ピュシスは、個体的な生命や個別的な自然をとおして立ち現れながら、それをこえている。生命システム内部で活動しながら、ゾーエーは生体から過剰し、それを凌駕している。ディオニュソスの祭儀は、そのゾーエーとピュシスを、瞬間的に露呈化させるために、動物を殺害する儀礼をおこなう。ところが、哲学者たちは、儀礼や舞踊によるのではなしに、同じことを、ことばによる思考の内部で敢行しようとしたのだ。(12)

はじまりの哲学者たちは、このピュシスとゾーエーを主題化した。永遠に破壊されることがなく、けっして没することもなく、存在と生命のあらゆる場面をとおして、この世界に立ち現れ、きらめきだしている、その過剰したもの、動くもの、変化するもの、純粋な差異であるものを、ことばによって思考できるものにつくりかえること。ここから、ヨーロッパにおける形而上学が発生する。形而上学は、ディオニュソス的な本質をもつピュシスとゾーエーが、ことばの範囲で思考できるものにつくりかえられたときに生まれる。ヘラクレイトスたち、はじまりの哲学者が、それを実現した。

その形而上学の発生と同時に、弁証法という認識の方法は生まれているのである。ゾーエーとピュシスは、もともと存在(有)と生命そのもののあり方を、さししめしていたものである。儀礼において、そのことは客観的に表現されている。哲学者たちは、同じ客観の運動を、ことばによる思索の場にうつしかえることによって、形而上学を開始させる。ところが、ことばというものは、客観の運動をつかみとることができると同時に(理解ということばは、もともと握りつかむ、という意味をもっている)、その運動を、ことばのなかで静止にむかわせようとする傾向をもつ。そこで、運動の静止をつきくずしていくために、弁証法がつくられたのだ。

弁証法とは、ことばによる論理の内部で、つまりは形而上学の内部で、ピュシスやゾーエーのもっていた、客観的な運動を保ちつづけようとする、思考の策略として生まれたのである。「統一的なものが、不断に二つに分かれていく」とは、まぎれもないピュシスとゾーエーの運動そのものへの、ことばによる接近をあらわしている。個体的な生であるビオスの内部におけるゾーエーのあり方は、まさに生と存在(有)の「矛盾」そのものを表現しているではないか。ピュシスは存在する個物をとおして、世界に立ち現れる。しかしピュシスそのものは、その外部にありつづける。

したがって、形而上学と弁証法の関係そのものがひとつの矛盾であり、対立しあう同一物なのだ。この矛盾の内部にあって、弁証法は、形而上学よりも、祭儀としてのディオニュソスに近いポジションに立っている。それは、ことばによる論理のひとつの形態でありながら、儀礼と同じように、自分自身ができるだけ客観の運動そのものであろうとしているからだ。

はじまりの哲学においては、ピュシスとゾーエーの客観的な「脈動」に、可能なかぎり一体になろうとする。まだ具体性の心を失っていなかった頃の形而上学の、たくみなこころみとして、弁証法は発生している。だから、それは個体的な生や存在物でできたコスモスの原理をさぐるための論理などではなく、もともとは、そうした個体的な生やものでできたコスモスを、ディオニュソス祭儀のように、破壊し、再生させる思考として誕生したものなのだ。

弁証法は、殺害された牛の心臓をつかみだすディオニュソスの神官のようなふるまいを、論理のことばのなかでおこなおうとしているのだと言える。それは、ゾーエーとピュシスの心臓部に、素手をつっこむのだ。そのとき、過剰したもの、破壊されざるもの、純粋な差異であるもの、まったき力であるものの運動が、弁証法の手に触れていく。近代になってよみがえったヘーゲルの弁証法によっては、実現できなかったことが、そこにある。それは、レーニンの言う「素朴さ」のはらむ深遠にほかならない。

3

レーニンの素朴な「物質」と、ヘーゲルの複雑に洗練をきわめた「精神(ガイスト)」との根本的な差異が、そこにある。プラトン以後の哲学は、はじまりの哲学者たちの存在思想がもっていた、底なしの「暗さ」を忘却することによって、がっしりとして堅固なその存在論の大神殿をつくりあげることができた。プラトン以後の西欧形而上学には、しっかりとした土台、底がある。それは、底なしのピュシスとゾーエーをとおしておこなわれる、存在(有)への問いかけを、忘却することによって実現されたのである。

そのためにヨーロッパにおいては、存在と生命の破壊されざる無底の根源であるピュシスとゾーエーは、世界に普遍であるイデアや、強い「生」や、強い「有」におきかえられ、存在についての思考が続行されることになったのだ。ヘーゲルの弁証法は、その強い創造の先端部で生まれたのである。

ヘーゲルの全哲学は、「有」と「生」をはじめから光のなかにおく(これにたいしてヘラクレイトスは、ピュシスである「有」を、底なしの暗さを背景にして、思考しようとしている)、プラトン以後の西欧形而上学の発展として、その総決算として構想されている。彼はそのために、はじまりの哲学者たちの思索をも、自分の体系のなかにセットしようとした。そこで、はじまりの哲学者においてはピュシスやゾーエーであったものが、ヘーゲルにあっては、「精神」につくりかえられたのだ。

ヘーゲルの「精神」には、イデアやスピノザの「実体」よりも、ずっとピュシスやゾーエーの古い感触に近いものが保存されている。「精神」には、有が光のなかに立ち現れようとする運動が、「主体」としてあらかじめ組み込まれていて、その力強い立ち上がりのなかから、自己精神の展開である、人間の歴史が生み出されてくるからだ。しかし、ヘーゲル的「精神」には、底がある。はじまりの哲学におけるピュシスやゾーエーには、底がなかった。そのために、存在と生は、たえず不思議な暗さのなかに没していく衝動を潜在させていた。「精神」には、その暗さがない。そのかわりに、構築の堅固さへの自信がある。ヘーゲルの場合、その堅固さの感覚は、ブルジョア世界に特有な、明るさと堅固さへの、「その日暮らしの根拠のない自信」(ハイデッガー)によって、ささえられているのだ。

レーニンがいだいた「精神(ガイスト)」への異和感のもとが、ここにある。私の考えでは、レーニンは、「素朴」なヘラクレイトスの弁証法の背後に、ヘーゲル的な「精神」によってはせきとめることのできない、ある別種の運動を感知していたのだ。はじまりの哲学者たちのもとでは、素朴さは深遠であることの別表現であり、近代の哲学が誇る体系の複雑や巧妙や堅固さなどは、その深遠の忘却の上につくられた、軽薄の神殿にすぎないのではないか。

ここに、レーニンの語る「唯物論」の、いまだに未知のものに属する、別の可能性が浮上してくることになる。レーニン的「物質」は、ここでは、ヘーゲルの「精神」を踏み破る力として、あらわれてくるのだ。いや、もっと正確に言うと、こうだ。ヘーゲルの「精神」と彼の「物質」は、とんぼがえりして、たがいに移行しあう関係にある。しかし、荒々しくも素朴な、レーニン的「物質」は、臆病な「精神」が踏み破ることをためらっている、存在(有)のその底を破って、ピュシスとゾーエーの運動の内部にわけいっていこうとするのだ。

レーニンはまさにここに、ブルジョア哲学とプロレタリア哲学の真の差異をみいだしていたのである。ブルジョア哲学は、西欧形而上学二千年の歴史を背景にしてつくりだされた、堅固なディスクールの体系をなしている。しかし、それは、存在の底、根拠についての、特有の臆病を特徴としている。そのために、それは、美しい牛の心臓に素手をつっこんで、個体や主観である生の形態を破壊して、その内部から立ち現れる、絶対的な客観であるゾーエーの力強い露呈に、身をさらそうとはしないのだ。

だが、未来に実現されるべきプロレタリア哲学は、その素朴さ、その飾り気のなさ、その勇気、その豪胆さによって、壮大な西欧形而上学の全歴史の転倒をめざしている。唯物論は、「精神(ガイスト)」の底を破って、それを自然と生の無底の運動にむかって開いていこうとしている。そのとき、弁証法はふたたび、はじまりの哲学者のもとで守っていた、あの素朴さとディオニュソスの力をとりもどすことになる。亀裂の発生した「精神」の底部からは、暗い存在の底からの「物質」の運動が、いきおいよく吹き出してくるようになる。上品さはないが、ここには裸の客観、むきだしの真実がある。レーニンはそういうものを、弁証法的唯物論と呼ぼうとした。

弁証法的唯物論は、『哲学ノート』のレーニンの思考のなかでは、西欧形而上学をその極限にまで押し出して、形而上学がその地点で未知の別種のものに「とんぼがえり」して、変容をおこしはじめる、そのような運動をつき動かす思想として、考えられている。そこでは、唯物論と観念論の関係や、形而上学と弁証法の関係について、「レーニンの唯物論」として考えられてきたのよりも、はるかに複雑な思考がためされていたように思われる。

レーニンにとっての「物質」は、思索のはじまりに出現した、ひとつの素朴であると同時に、巨大なひとつの歴史が終わりをむかえるとき、その終わりにむかう運動の彼岸に出現するものでもあった。だから、ヘラクレイトスにおとらず、レーニンは「暗い思想家」である。

4

レーニンはけっきょく、『哲学ノート』を出版しなかった。時間がなかったのだ。このノートをつづり終えた頃、レーニンはふたたび政治的激動のなかに投入された。ロシアの革命が、現実性をおびてきたのだ。一九一七年をさしはさんで、一九二四年の早すぎる死にいたるまで、レーニンの全精力は、革命された現実の創造と、それをはるかにうわまわる力をもった反革命との、はげしい闘争についやされ、彼に『哲学ノート』の完成のための時間をあたえなかった(13)。

しかし、レーニンは革命と反革命の、激烈な闘争のさなかにあっても、哲学の研究をやめなかった。一九二〇年、ロシア全土が深刻な飢饉に襲われ、その問題に全力でとりくんでいるさなかにも、レーニンは秘書に頼んで、ヘーゲルの『大論理学』と『精神現象学』のロシア語訳と、ラブリオーラ著作集、イーリンの『神と人間の具体性の学としてのヘーゲル哲学』を入手させている(14)。

このなかでも、彼はとくに、イーリンの本に感心した。イーリンは神学者であるはずなのに、ヘーゲル哲学の生命は、それが具体的な経験世界の運動に深く密着しているところにある、ということを強調していた。イーリンはそこでこう書いている。

具体性(コンクリート)ということばは、もともとのラテン語では、「成長していくこと」「増大していくこと」をあらわしている。したがって、ヘーゲルにあっては、具体性とは、すべてがともに成長していく、という意味をあたえられている……具体的な経験性は、存在の中に見いだされる何者かであり、現実的な何者かであり、実際的な何者かであり、実存している何者かであり、現存している何者かであり、つまりは、現実的な何者かである。この現実的で、客観的な世界こそが、具体性をもった世界でありそれはまたただ経験された具体性の世界として、意味をもつのだ。(15)

レーニンはこの神学者の書いていることに、共感した。彼自身のヘーゲル理解と共鳴しているものが、そこにはたくさんみいだせたからだ。レーニンは、このイーリンという人物に関心をもち、この人はいま何をしているのか、と秘書にたずねた。ほどなくして、有能な彼の秘書は、この人物が「反革命」の疑いで監獄に入れられている、という報告を受けとった。レーニンはびっくりした。そこで彼は、急いで、この神学者の出獄を許可するように、チェーカーに依頼した。

レーニンは、最後の最後まで、『哲学ノート』で開始された、彼自身の探究を続行していたのだ。彼は、弁証法的唯物論というものが、哲学思想としてはまだ幼児のような段階にある、ということを自覚していたのである。マルクス自身は、この問題について、多くのことを断片的にしか、書き残さなかった。エンゲルスがその後、それを体系的に表現する努力をおこなった。しかし、レーニンの考えでは、エンゲルスのそれは「大衆化のために」多くのものを犠牲にしていて、そこに定式化された唯物論は、ヘーゲルのより深い研究をとおして、まったく新しい段階に脱皮する必要のあるものだった。

『哲学ノート』で直観されている、この未知の唯物論は、観念論と唯物論との「とんぼがえり」をとおした移行と統一を実現するはずのものだった。またそれはヘーゲルの観念論的弁証法のむこう側に、「精神(ガイスト)」の形而上学をも突き抜ける、無底の「物質」の運動を発見するはずのものでもあった。レーニンの思考は、生命の具体性にぴったりとくっついていた。彼は個体的な生や主観的なものの外部である、ゾーエーの論理を弁証法のなかにみいだして、それをもっとしっかりしたかたちに鍛えあげたい、という願望を、最後までいだいていた。かりに、それが実現されていたとすると、私たちは、レーニンの「物質」が、はじまりの哲学者たちの語っていた、あの「ピュシス」や「ゾーエー」と、じつに多くの共通性をもつ概念であったことを、新鮮なよろこびとともに知ったはずであろう。

死の前年、残された力のすべてをふりしぼって、スターリンに「最後の闘い」をいどんでいた時期、レーニンの執務室に、雑誌『マルクス主義の旗のもとに』の若い編集者たちが訪ねてきた。レーニンは、この新しい雑誌のことをとても気に入っていた。この雑誌はできるだけ党派性を出さないで、共産主義者もそうでないものも一緒になって、唯物論を研究しようという、自由な意図で編集されていたのだ。病身で、しかもこんないそがしい時期なのに、彼は文章を書いてくださいという依頼を、たちどころに引き受けた。出来上がった文章、『戦闘的唯物論の意義について』は、彼の最後の哲学的な論文になった。

そこで、彼はこう書いた。

この目的を達するためには、雑誌『マルクス主義の旗のもとに』の寄稿家たちは、ヘーゲル弁証法——すなわちマルクスが、彼の『資本論』や、彼の歴史的著作や政治的著作のなかで実際に適用した、しかもみごとに適用したあの弁証法——の唯物論的見地からする系統的研究を組織しなければならない……誤りをおかさないのは、なにもしないものだけである……私の考えでは、雑誌『マルクス主義の旗のもとに』の編集者や寄稿家のグループは「ヘーゲル弁証法の唯物論的同好者の協会」とならなければならない。(16)

なにもできあがってはいないし、なにも完成などしていない。レーニンにとっては、ロシア革命と同じように、その唯物論も、まだ形成の端緒についたばかりだ、という実感しかなかった。レーニンはなにかをつくりだすために、すすんで誤りをおかそうとしていたのだ。たしかに、世の中で、誤りをおかさないのは、なにもしない者だけであるから。

第五章　聖霊による資本論

1

「はじめてのドイツの哲学者」と言われるヤコブ・ベーメの生涯には、人を感動させるものがある。(1)

彼は一五七五年に、ボヘミアの山奥の村で生まれた。父親は貧しい農民で、五人兄弟の四番目のベーメも、幼いころから羊の群れを追ったりしながら、小学校に通っていた。彼を教育したのは、プロテスタントのルター主義だった。ルター主義がベーメの思想の骨組みをつくり、彼は一生それから離れることがなかった。

子供のときに、すでにベーメは、いくつかの神秘的な体験をしている。「ある日、ぼくは羊を追って山にいた。ふと、赤い大きな岩のつみかさなったかげに、地中へおりていく入口があいているのに気がついたぼくは、ふらふらと地下に下りていくと、樽いっぱいにつまった金の山がぼくの目を射るではないか。突然われにかえったぼくは、おそろしさに無我夢中で穴から逃げ出し、あとで友達をさそってはは何度もその場所へ行ってみたが、洞窟の入口など、かげもかたちもなかった」。しかし、洞窟のなかに見たその輝きが、彼の心を開いたのである。それ以後、もうベーメの心は、無明に閉ざされることはなかった。

そののち、ベーメは靴屋の親方のうちに、丁稚となって仕事を習うこととなる。このときにも、不思議な体験がおこっている。ひとりで店番をしていると、身なりはいやしいけれど、どことなく威厳のある、見知らぬ男があらわれて、ベーメにこう告げて消えていったのである。「ヤコブ、お前は、まだ年もいかない小さな子供だけれども、大きくなったら、世界中の人がおどろくようなまったくちがった人間になるだろう。だから、神さまをうやまい、神さまのことばを大切にしなさい。なにより、聖書を読むことだ、聖書こそなぐさめをあたえ、困ったときにはどうしたらよいのか教えてくれる、お前は、やがてみんなから迫害を受けて、貧乏にも苦しむだろう、だが、心配するな、勇気をだして、神さまはいつもそばにいて、お前を守ってくださるにちがいない……」。

それから、小さな田舎町の靴屋の親方のもとを出て、ベーメは遍歴の修行に出る。靴屋の親方になるためでもあったし、自分のたましいの求めているものを追い求める旅でもあった。一九歳のときには、立派な親方になり、結婚することもできた。だが、ほんとうのところは、彼の心は深いメランコリアに閉ざされて、出口をもとめて、深く苦しんでいたのだ。

しかし、二五歳になったとき、ベーメにふたたびあの「光」が出現する。彼は椅子に腰かけて、ただなんとはなしに、部屋にあったぴかぴかにみがかれた錫の食器をうっとりとみつめていた。金属の「気持ちのいい、陽気な外観」に、すっかり心を奪われていたのだ。そのうちに、彼は瞑想の状態に入っていった。そのときである、彼は「自然の秘密の中心」に、深くひきこまれていく体験をしたのである。自然の奥底から、かたちをもった光と色が、つぎつぎに彼の前にあらわれてくるのだ。彼はそれが、自然の心臓部である、奥の奥からわきあがってくる、光とかたちと色であることを、はっきりと見た。

それは、わずか一五分ばかりの体験だった。しかし、それがベーメの一生にとっては、決定的な意味をもった。突破がおこったのだ。心をおおっていた闇が、うそのように晴れわたり、心はよろこびと愛の波にみたされた。それから、ベーメはたくさんの本を書くようになった。教会の牧師は、ベーメの著作をにくんで、彼を苦しめた。だが、彼はどんなに苦しめられても、それにたえつづけ、自分が体験した、自然と神の生まれ出る神秘の奥底について、書きつづけた。彼はゲルリッツの町で靴屋の仕事をつづけ、一六二四年に、靴屋の親方としてなくなった。

ベーメの著作は、ドイツでは長いことばかにされていて、読まれることがなかった。しかし、ドイツ敬虔派といわれる、プロテスタントの新しいタイプの思想家たちによって、ベーメの思想は一五〇年の後に、めざましい復活をとげることになる。もはや、それは無学な靴屋の親方の書いた妄想の書などではなく、まぎれもなく「ドイツにおける哲学のはじまり」を告げる画期的な思想の書として、たくさんの人に読まれるようになった。そして、ヘーゲルやシェリングは、このベーメの思想から大きな影響をうけて、そこからあの巨大なドイツ観念論が成長していったのだ。

若いマルクスとエンゲルスは、一八四四年、パリでこのドイツ観念論の大伽藍の土台を崩壊させるために、力をあわせて『聖家族』という本を書いていた。「ドイツでは、現実の個々の人間のかわりに、自己意識または霊をおいて、福音書の作家とともに〃生かすものは霊にして、肉は益するところなし〃と教える、唯心論や思弁的観念論が全盛であり、現実的ヒューマニズムのおそるべき敵となっている」。マルクスたちは、この肉のない霊(ガイスト)とたたかっていたのだ。

彼らはそこで、唯心論と観念論のあらゆる傾向を、つぎつぎと批判していった。ところが、この「ドイツ観念論の父」、「はじめてのドイツ哲学者」にして、ドイツ・イデオロギーの母体をつくった「チュートン人の哲学者」、ヤコブ・ベーメにたいしてだけは、マルクスはそのペンに、不思議なやさしさをこめたのである。マルクスはベーメを、ドゥンス・スコトゥス(2)やベーコンのような「イギリスの唯物論者」とならべて、「唯物論」の側に、おいたのだ。

マルクスは、こう書いている。

物質に本来そなわる諸性質のうちで、運動が第一の、またもっとも主要な性質である。つまり、たんに力学的および数学的な運動としてだけでなく、さらにそれにもまして物質の衝動、生気、緊張としての――ヤーコブ・ベーメの表現をかりるならば――物質のなやみとしての運動がそうなのである。物質の原始的形態は、生きいきとした、個体化するように作用する、物質に内在する種差を生みだすところの、本質の諸力なのである。[3]

マルクスはヘーゲルとベーメの関係を、よく知っていたはずだ。おまけにシェリングにいたっては、ほとんどその内容はベーメ哲学そのままで、ただ表現だけが、近代的な体系に改造されていた。ベーメは、ドイツ・イデオロギーの最初の哲学的表現者だ。彼はガイスト（聖霊）について、たくさんのことを語った。それなのに、マルクスはベーメの思想を唯物論として、やさしい共感にみちた評価をあたえたのである。

おもしろいことに、レーニンも、同じことを考えている。彼ははじめ、フォイエルバッハの本で、ベーメのことを知って、興味をいだいた。そこには、ベーメのことが「唯物論的有神論者」として、つぎのように紹介されていた。

かれ〔ベーメ〕は精神だけでなく物質をも神化する。かれにおいては神は物質である

——ここにかれの神秘主義がある。(4)

「神は物質である」。不思議な考え方をする人がいるものだ、と彼は思った。この人はフランスの唯物論者たちのように、だからといって、物質を最高存在にまつりあげたりはしない。物質に内在する運動に「神的」なものを見て、その「神的」な運動から、精神と物質の両方を発生させようとしているのだ。これは、もうほとんど唯物論ではないか。レーニンは、ここでドイツ観念論の奥深さに触れたような気がした。

そののちに、『聖家族』を読んでいるとき、レーニンはふたたびベーメに出会うことになる。そこでは、マルクスはベーメのことを、物質に内在する差異の運動を、はじめて「物質のなやみとしての運動」としてとりだした、風変わりな唯物論者として評価している。ベーメは、神に敬虔なルター主義のキリスト者だ。つまりは「有神論者」だ。そのキリスト者は同時に、運動としての物質というものの本質に、もっとも深遠な唯物論的表現をあたえた。

どうして、そんなことがおこりえたのか。じつは、ここには、ヘーゲルの哲学のもつ、絶大な能力の秘密が隠されているのだ。ヘーゲル哲学はその能力の多くを、ベーメの思想とのつながりから得ている。だが、ヘーゲルはベーメ思想の中核に、ある重要な近代的改変をほどこすことによって、それをなしとげている。ヘーゲルはそれによって、べーメの思想のある重要な面を見えなくさせたのである。

ヘーゲルの体系を批判する仕事にとりくんでいたマルクスは、ヘーゲルがおこなったその改変の場所において、ベーメに出会ったのだ。ヘーゲルの哲学が縫い閉じてしまったものを、マルクスはふたたび切開してとりだそうとした。そして、ヘーゲルを突破すると、そこに素顔のベーメが立っていることを、マルクスは直観した。ドイツ哲学の起源の場所で、観念論は唯物論として発生し、まさにそこで、観念論は唯物論への転化を実現していたのだ。

2

ヘーゲルは『哲学史講義』のなかで、靴屋の親方であった、このヤコブ・ベーメの哲学のために、多くの頁をさいた。

ヤコブ・ベーメははじめてのドイツの哲学者であり、その哲学の内容は、正真正銘のドイツ流です。ベーメのきわだった特徴は、知的世界を自分の心情の内部にうつしいれ、かつては彼岸にあった一切を自分の自己意識において直観し認知し感じるという、すでにのべたプロテスタントの原理です。(5)

ここには、すでにベーメの哲学の根本が、はっきりと、正確に表現されている。ベーメは、「知的世界を自分の心情の内部にうつしいれた」。彼にあっては、概念や象徴は、思考のためのたんなる道具であったり、具体的な世界から独立した「形式」などではなかったのである。ベーメは、知性がつくりだした概念と象徴のすべてを自分の心情の内部にうつしいれ、そこでおこっている現実的で具体的な運動のなかに概念を投げ込んで、思考と具体性を、まったく同一の運動として、とらえようとしたのだ。つまり、ベーメの思想では、ヘーゲルにはるかにさきがけて、現実とロゴスの一体状態が、実現されていたのだ。

また、ベーメは「かつては彼岸にあった一切を、自分の自己意識において直観し、認知し、感じる」ことをおこなった。ベーメは長い遍歴の旅をとおして、ヨーロッパに伝えられる古代的な知恵の保存者である、本草家や魔術師や錬金術師たちの仕事から、たくさんのものを吸収している。羊飼いの少年として、ボヘミヤの山々を歩きまわっているときに形成された、ベーメの自然への繊細な感受性は、こうした古代的な自然哲学に触れることによって、ぐんぐんとたくましいものに成長した。

そこに、ルター主義のキリスト教が合流したのだ。ベーメは、この世界をつくる、すべての「被造物」に、神の臨在をはっきりと認識していた。神は、聖霊の働きをとおして、自然や人間の精神のなか、いたるところに、たえまのない出現をおこなっている。神は人間の認識がとどかない、彼岸にあるのではない。それは父と子と聖霊の「三位一体」の秘儀をとおして、いっさいの自然のなかに内在し、人間はそのことを自己意識の能力において、はっきりとつかみとり、理解することができるのだ。

彼はそのことを、たんに頭で理解していたのではない。彼には、「すべての被造物のいわば心臓部ないし奥の奥を透視することができ」たために、存在の奥の奥にあって活動している深遠な運動を、光と色彩とゲシュタルトの動きとして、まざまざと感知し、体験することができたのである。自然な存在のその奥の奥において、神のロゴスは活動をおこなっているのだ。「神の国」は、教会の壮麗な建物のどこにも、そこでとりおこなわれる儀式のどこにも、また聖職者のヒエラルキーのどこにも、みいだすことはできない。すべては、ただ自己意識をとおしてのみ、感じ、知ることができる。

ヘーゲルは、それが「プロテスタントの原理」だ、と語っている。[6] 彼の考えにしたがえば、プロテスタントのもっとも純粋な精神は、神を彼岸に超越しているものとするのではなく、神を徹底的な「内在」としてとらえる思想なのだ。永遠の本質である神は、世界のうちに内在しながら、しかもそれを越え出ている。その内在的超越の神は、ひとりひとりの精神のなかに、生き、活動をつづけている。存在とロゴスは一体で、そのロゴスである神を、教会の組織のうちではなく、自己意識において発見しようとするのが、プロテスタントの原理だ。こう考えてみると、異教的な自然哲学の伝統をうけつぐ、ヤコブ・ベーメの神秘哲学こそ、プロテスタント原理そのものであり、「正真正銘のドイツ流」だ、というヘーゲルの言い方は、まったく正しい。

じっさい、ベーメが自分の思想をどうやってつくりあげていったのかを見てみると、そのことがよくわかる。ベーメの流儀は、まったくプロテスタント的、ドイツ的なのだ。生まれた環境のせいで、彼は大学で教えられているような、スコラ的な学問のやり方には、まったく縁がなかった。そのことは、若いときには、ベーメにひどい苦しみをあたえた。自分が体験しているものを、体系的に表現することのできないもどかしさに、彼はひどく苦しんだのだ。だが、そのとき、彼が何をしたかが、重要だ。ベーメはただ、ルターがドイツ語に翻訳しておいてくれた『聖書』をくりかえし、くりかえし読み、考えることをしたのである。

とりわけ、彼は『ヨハネ福音書』に、強くひかれた。その冒頭の表現、「はじめにことばがあった。ことばは神とともにあった。ことばは神であった。このことばははじめに神とともにあった。すべてのものはこれによってできた。できたもののうちひとつとしてこれによらないものはなかった」。そこに表現されている思想を考えぬくことのうちから、ベーメの哲学は生まれた。

『聖書』をかたちづくる四福音書のうちでも、『ヨハネ福音書』はほかのものとは異質な性格をもっている。それは、ルカやマタイやマルコによるものとはちがう、精神的な共同体によってつくりだされたものらしく、正統文書と認定されるまでには、さまざまな論争の対象にされた。それが異端的な「グノーシス」思想のものではないか、という疑いがいだかれたからだ。(7)

たしかに、この福音書はその冒頭の一句からして、グノーシス的な響きをもっている。すべての存在のはじめは、神が息を出すこととしてのことばであった、ことばは神とともにあった、ことばは神であった、というのだ。ここで言われている「ことば」は、もともとのギリシャ語聖書では、「ロゴス」があてられている。ところが、ベーメが読んだルター訳では、これが具体的なことばそのものをあらわす das Wort と、ストレートに表現されていて、「ロゴス」がもっていたプラトン主義的なニュアンスは一掃されてしまっている。つまり、プロテスタント・ドイツの世界では、具体的な生きた人間のしゃべっていることばそのものが、存在をなりたたせている原理であるロゴスと、はじめから一体のものとしてとらえられている。不思議なことに、そういう視点で読んでみると、『ヨハネ福音書』の冒頭には、具体的な人間のことばが神そのもの、存在そのものだという、内在的超越の思想が、くもりなく語られているように見えてくるのである。

ベーメの理解した「ことば」は、プラトン主義的な形而上学の「ロゴス」ではない。それははじめから、人間の身体のなかから発生する具体的なことばとの、同一性として考えられている。そこには、無意識の領域でうごめいている欲望や、よろこびや苦しみの感情が、そそぎこまれている。動物がおこなう呼吸が、その物質的な土台をつくっている。しかし、そこにすでに神はいるのだ。そして、生きた、具体的なことばを、深く掘り下げ、純化していくと、「すべての存在のはじめ」である神のことばが、そのまったきすがたで、あらわれてくるようになる。

ベーメ的に解読された『聖書』は、こうして存在とことば、存在とロゴスの同一性の思想を語りだすのだ。そのとき、ことばがつくりだす「概念」や「象徴」は、神である存在にたいして、よそよそしい形式であることをやめる。ロゴスを存在にたいして外的な表象と考えて、そこから「形式論理」のようなものを抽象してくるスコラ的なやり方が、ドイツ哲学のはじまりにおいて否定されるのだ。ことばの形式である論理は、内容の外に立つものではなく、まさに形式そのものが、ひとつの内容なのである。すべての存在のなかで、この「ことば」が運動している。すべてのものは、これによってできている。

しかし、ベーメにとって、そのことばである神は、自然と精神の、奥の奥に隠れているものなのだ。すべてのはじめにあり、永遠にあるそのことばは、人間の自己意識の側からの働きかけによって、はじめてその純粋な、まったき姿をあらわす。具体的なことばや自然のなかには、真実の「神の知識」、「神の情報」が、隠されて、内蔵されている。

そのしまいこまれた「神の知識」を、人間のつかうことばのうちに顕在化させるのが、「学(Wissenschaft)」なのだ。(8)

こうして、ベーメは「あるものの学」を構想するようになる。この「学」が、「サイエンス(科学)」とは別のものであることを、はっきりさせておくことは、重要だ。「学」は、世界のうちに内蔵されている「神の知識」を顕在化させる、ことばの仕事のことをさしている。それは、はじめから、存在とロゴスの同一の思想に立っている。だが、ギリシャ＝ローマ的な生い立ちをもつ「サイエンス」にとっては、それはあまりにドイツ風な思想の流儀に見えてしまうのだろう。

プロテスタントの精神と、グノーシス的な『ヨハネ福音書』と、ルターの訳したドイツ語『聖書』が、そのような思想の誕生を準備していた。ベーメの「あるものの学」から、ヘーゲルの「論理の学」までは、一歩だ。レーニンを驚嘆させた、ヘーゲルの「客観的実在論」の秘密は、じつはこの靴屋の親方の創造した「唯物論」のなかにひそんでいる。もうすこしくわしく、ベーメ哲学の内部に、踏み込んでみよう。

3

ベーメの思想には、三つの大きな特徴がある、と思う。ひとつはいま言った、ことばが現実に内在している、という思想だ。これは、『ヨハネ福音書』のグノーシス的な思想から、直接にベーメのなかにそそぎこまれ、独特に発展していった思想だ。

もうひとつは、神を「無」としてとらえる、否定神学的な考え方だ。ベーメ以前にはやはりドイツ人のマイスター・エックハルトが、こういう思想を展開して、ローマの僧侶たちからにらまれたことがある。(9) ベーメはみずからの体験にねざしながら、西欧ではめずらしい、「無」としての神の概念を、臆することなく語ったのである。

神とは何か考えるとき、私はいう――神は万物にたいする一者であり、永遠の無として、底もなく、はじまりもなく、場所もなく、神にとってあるのは、神自身のみ。(10)

神には根拠(Grund)、底がない、というのだ。どこまでおりていっても、神の本質をこれだといってとりだすことはできないし、その神自身が自分をささえている根拠をもたない。だから、それにははじまりもない。どこまでいっても、底にたどりつくことがなく、空間をこえた空間である。

そういう無底である神が、人間の内部の中心にある。自己意識の中心に、そのような底なしがひろがっているのだ。この底なしのなかに、「底」が発生する。そして、この「底」を土台にして、すべての精神現象が生まれ出る。そのプロセスをベーメは、七つ

の段階に分けて、記述しようとしている。(11)

0　無、底なし
1　求め、あこがれ、見
2　微細な意志、視線
3　その視線は何も映さない鏡、目でない目、中心も周縁もない「あこがれの海」となり、内部にむかって把握し
4　そこに「底」が発生する
5　底からは第二の意志が出発する、これが「ガイスト(霊)」であり
6　ガイストは底から外へ出る運動をはじめ、鏡は何かを映す鏡となり、対象をとらえることのなかった目は、目となって見る。そのために、いままで底なしであったものの中に、漠然とした「底」が発生して、つかめる「無」となる
7　ガイストは自分自身の姿を、鏡の中に見る。意志ははっきりとした意志となり、中心が生まれる。これが心臓ないしロゴスだ

こうして、底なしで、根拠のない神から、精神が現象しはじめるのだ。そこで、三番目の特徴として、ベーメは、無底に立つこのプロセスの全体が、じつは古くからキリス

ト教で言われてきた、父と子と聖霊(ガイスト)の三つのペルソナに対応しているのだ、と考えた。それはこういうことだ。

無底の神のなかに、求めやあこがれをとおして、微かな意志が発生する。これが「父」のペルソナをあらわしている。そして、底なしに底が生まれ(4)、ついには中心である心臓をつくりだす(7)。これが「子」のペルソナにあたる。その底からは、明瞭なかたちをもった意志が出発するが(5)、これが「聖霊(ガイスト)」のペルソナに対応する。「聖霊」はいっぽうでは、対象もなく、中心もない、無限に広大な「あこがれの海」にむかって放射をおこなう。と同時に、それはロゴスである「子」のペルソナをつらぬいて、外への強烈な放射をおこなうようになる。父と子と聖霊の三つのペルソナは、こうして一体となって、無底から底へ、底から世界へと展開していく、すべてのプロセスをつらぬいてはたらく原理となっているのだ。

4

ヘーゲルの哲学は、ベーメのこのガイスト論的な三位一体論から、大きな影響を受けている。それどころか、ことによるとそれにとどまらないで、ドイツに生まれた創造的な思想のすべてが、このベーメ的三位一体論の影響下にあるのかもしれない。

『哲学史講義』のなかで、ヘーゲルはそれにくわしい説明をあたえている。

かれ〔ベーメ〕の根本理念は、一切を絶対的な統一のうちに維持すること、――神の絶対的な統一とすべての対象の神のなかでの合一――にあります。かれの中心思想、いや、いうならば、一切をつらぬくかれの唯一の思想は、一般化していえば、聖なる三重性、――万物のうちに神聖な三位一体をとらえ、一切を三位一体の顕現ないし表現としてとらえることです。三位一体こそ、すべての存在をなりたたせる一般原理であり、しかも、万物はこの三位一体を、イメージの三位一体ではなく、現実の、絶対の、理念としてうちにふくむ。存在する一切は絶対の三位一体にほかならず、この三位一体がすべてです[12]。

まず、ベーメは、無底である神のうちにあらわれる、三つのペルソナの第一として、あこがれと見ることとをもとめる、微細な意志、ないし純粋な視線としての「父」をとりだしてくる。底なしの神は、ベーメにあっては単純な絶対者ではないのだ。そこには、力が内蔵されていて、その力は「あこがれ」としか表現のしようのない、ある微細なコミュニケーションへの欲望をはらんでいるのである。

しかし、ここにはまだ、自分の姿を映し出す「鏡」がない。底がなく、根拠がなく、無底で無限の空間に、ただ「あこがれ」る力や微細な意志だけがみなぎり、内も外もなく、自分を反射するものもない空間に、未出現の運動を内蔵している。だから、この無底の空間に、これからおこるいっさいのことを統一する力が、まず「父」のペルソナとして、浮かび上がるのだ。

全体に行きわたる力があって、それは父なる神という一つの統一体として存在し、その創造力が星の全体のうちに生かされる。神という全体が多くの存在のうちにあって創造力を発揮し、貯蔵庫としての父なる神のうちで、さまざまな力が統一されるのです。[13]

「父」のペルソナとは、貯蔵庫なのだ。ここにすべての力が集合し、浸透しあい、ひとつの力になる。無底の神は、「父」をとおして、萌芽となるのだ。「父」のペルソナのなかには、すべての力や性質が萌芽の状態ではらまれ、それはついに芽となって発芽する。それが「ことば」であり、神のペルソナの第二、「子なる神」の出現である。

すべての存在のはじまりは神の吐くことばである。神は永遠の昔から永遠の一であり、永遠にそうである。ことばは永遠のはじまりであり、永遠にそうである。なぜなら、ことばは永遠なる一の啓示であり、それとともに、それをつうじて、神の力が一つの知にもたらされるのだから。ことばによってわれわれは神の明瞭な意思を理解する。神ということばとともに、ことばの永遠の発源地たる、かくれた神があらわれるのだ。ことば(子なる神)は一なる神の流出であり、しかもそれは、啓示された神そのものである。(14)

ことばと「子」のペルソナは、ベーメのなかでは、はっきりとひとつのものとして、とらえられている。「父」のペルソナとしてわきあがってくる力は、「あこがれの海」として空間の全体にみなぎっているが、その力が自分の内側にむかって自分を把握しようとする動きをしめしだすと、そこに「底」が発生する。「底」は、鏡をつくりだす。そうなると、あこがれの力は、もう底なしの空間を、とめどなく落下しなくてもよくなる。鏡で反映がおこるからだ。そして、「父なる神」のペルソナが、この純粋な鏡に映し出してみせた、みずからの像こそが、「子なる神」のペルソナにほかならない。この「子」は、「父」とはちがう人格だけれども、けっして別人ではなく、「父」とまったくおなじものだ。

子は父のうちに(脈うつ)心臓である。父のうちにあるすべての力は、父の財産である。子はすべての力のうちにあって、その心臓ないし中核をなす。子は、父全体のすべての力のうちにある泉のごときよろこびの原因である。(15)

「子」のペルソナは、無底の神のしめす発芽であり、生命力そのものなのだ。そして、そのようなものとして、「子」とことばは、同じものなのである。存在するものは、すべてのこの発芽をとおして出現する。だから、存在とことばは、一体なのである。自己意識のおおもとも、ここにある。さえぎるものもない空間のなかに、無数の発芽がおこる。統一されたものの分割がおこるのだ。そして、それらのすべてが、「子」としての神のペルソナであり、きれいな鏡に映し出された、神の正確な似像だ。そういうものが、わたしたちすべての自己意識のうちに生きている。

「父」である神のもっていた力の統一は、「子」のペルソナの発芽とともに、分割される。そして、この分割されたものをふたたび統一するものとして、「聖霊(ガイスト)」があらわれるのだ。「聖霊」の出現によって、はじめて三位一体の形式ができあがる。「聖霊」がなければ、分割されたものをつなぎあわせて、もとの統一に復帰することはできない。その意味では、三位一体の形式において、いちばん重要なペルソナは、この「聖霊」かもしれないのである。

「聖霊」は、「父」である神のペルソナを貫いて流れている。またそれは、「子」をとおして、感覚や愛となって、存在の世界にほとばしりでる。「聖霊」は、ことばや「底」の発生とともに、出現するペルソナだ。だが、それは統一された「父」の力をみなもととして、存在の発芽である「子」をとおして、感覚世界のうちにあらわれる。この三位一体の形式が、すべての生命のうちにやどっている。というよりも、三位一体こそが、生命というものの存在の様式、そのものなのである。「この三位一体は普遍的な生命であり、あらゆる個体のうちに欠けることなく存在する生命であり、絶対的な実体[16]」なのだ。

　じっさい、こうしてヤコブ・ベーメは、すべての生命だけではなく、あらゆる存在のうちに、木や石や、植物の茎や葉や根のいたるところに、この三位一体の顕現を発見してみせる。

> さあ、目をひらいて、自分に目をむけるがよい。人間は神の似姿をとり、神の三位一体の力にもとづいてつくられるのだ……おまえの光のなかから、理性や知性や技術や知恵がおなじ力となってあらわれ、全身を統制するとともに、身体の外にあるものすべてをも弁別する……それがおまえの精神である。それこそは、聖霊の似姿である[17]。

いっさいの生命は、この三位一体の形式をもつ。未発の力を内蔵した空間そのものである「父」から、光の発芽がおこる。「子」が生まれるのだ。そこには、最初の状態の統一を破る分割力が発生する(ベーメは、悪の起源を、この分割のうちにみいだしている)。しかし、それは「父」を貫流し、「子」をとおして出現する「聖霊」の力によって、ふたたび三つのペルソナによって一体であるという、より高められた統一を回復する。

この三位一体の形式のなかでは、「聖霊」は、感覚や具体性をもった個体の世界に、直接あらわれる力をあらわしている。しかし、その力はもともとは、「父」という普遍的なものにねざし、「子」をとおして、個体のなかに感覚や愛となってあふれでる。具体的なものと抽象的なものが、おたがいに陥入をおこし、普遍的なものは個体性をとおして、はじめてみずからをあらわにできる。

抽象も普遍も、そのものだけとしては、存在できない。また、単純な本質などというものもないし、個体としての物質などというものもない。すべては、この複雑で、ダイナミックな、三位一体の形式のおこなう運動のなかに現象する。その三位一体が、わたしやあなたのような、すべての存在のなかで、瞬間瞬間、生きて働いているのだ――ヤコブ・ベーメは、このような思想をとおして、未来のヘーゲルを、そしてさらには『資本論』の出現をさえ、準備したのである。

だが、奇妙な話ではないか。ヤコブ・ベーメが語るように、三位一体の思想こそが、キリスト教の最大の独創であり、個性であることはたしかだ。しかし、ベーメが展開しているようなかたちでの三位一体論は、もう数百年ものあいだ、カソリック神学のなかでは、いわば大地の下に埋葬されつづけてきたものなのだ。

ベーメ的三位一体思想は、不思議なことに、東方教会(のちのギリシャ正教、ロシア正教など)が深めてきた三位一体の考え方と、根本的な共通性をもっている。だが、この東方的な三位一体論は、一〇世紀ころからはげしくなり、長い間つづけられた「フィリオクエ論争」をとおして、ローマを中心とする西欧のキリスト教会によって、敬遠され、採用されなくなってしまった。西欧では、別の三位一体の考え方が、主流になった。そして、この論争をきっかけとして、キリスト教における東方と西方の決定的な分離がおこり、ここから、精神面での西欧のアイデンティティの形成が、本格的にはじまるようになる。

それなのに、この靴屋の親方である、「チュートン人の哲学者」が考えた、三位一体の思想には、まぎれもなく「フィリオクエ問題」以前の、古い東方的な思想があざやかなよみがえりを果たしているのだ。それは、あきらかに、ラテン的＝ローマ的な思想ではない。もっといえば、西欧的ではない。

そういう思想が、まるで地下水のようにして、プロテスタントのドイツに、ベーメをとおして(そこにエックハルトやヨアキム・ド・フィオーレをくわえることもできる)[18]、地上に異様なすがたをあらわしたのである。もしも、ヘーゲルがいうように、この三位一体こそがベーメ思想の核心であり、ベーメによって、真実のドイツの哲学というものが開始されたのであるとしたら、いったい西欧におけるドイツ・イデオロギーとは何者なのだろうか。それを知るためには、「フィリオクエ論争」の現場に、踏み込んでみなければならない。

5

神というものを、父と子と聖霊による三位一体としてとらえる思考法は、古代のギリシャ教父たちによって創造された。古代のギリシャ教父たちは、プラトンやアリストテレスの哲学に深くつうじていたから、ユダヤ人の伝えたイエスの宗教が語ろうとしていることに、精密な哲学の表現をあたえる仕事に、とりくむことができたのである。

そのとき、彼らの心をとらえていたのは、キリスト教の神は、単純な至高者でもなければ、超越者でもなく、またプラトン的なイデアの世界の存在でもなく、みずから父として子を生み出し、聖霊の働きをとおして、具体的で物質的な世界にあらわれる神である、という考え方だったのだ。

論理的に考えると、キリスト教の神とは、あきらかな矛盾をあらわしている。キリスト教の神には、単純な本質というものをあたえることができないのだ。その神のなかでは、超越的なものと具体性の世界がひとつになっている。神は超越者なのに、聖霊をとおして具体の世界に力(エネルゲイア)を、たえまなく放出している。神は神として、この世界から超越していればよいのに、わざわざ父となって、子をおくりだしてくる。イデアかと思えば、そこにはいつも肉体性があり、普遍者かと思えば、同時にそれは、イエスという個人や、無数の個体者である聖霊と同じものだともいわれる。この矛盾にみちたキリスト教の神をまえにして、ギリシャ教父たちは、あのユニークな、三位一体論を創造したのである。(19)

その思想は、つぎのような特徴をもっている。

まず、ギリシャの教父たちは、イエスの神は、モーセの神でもあったことに注目している。モーセの神は、燃える柴となってあらわれた。だが、モーセがその神に近づこうとすればするほど、彼の前を底なしの黒雲がおおい、近づくことをゆるさないのだ。ここには、神の本質を人間のわざによってとらえることの不可能がしめされている。だから、神の本質というものを、ことばで語ることはできない。それについて語るときには、いつも否定表現によるしかない。否定をふくんだ矛盾表現をとおして、はじめて人は、その底なしの神の領域に接近していくことができる。それは、プラトンのようにして、語ることはゆるされない。

しかもこの神は、父として子を生み、この子は、父をとおって具体性の世界にあらわれる聖霊によって、父の御業をおこなう、という。父が本質なのでもなく、子が中心をなすのでもなく、また聖霊だけが万能なのでもない。おたがいがおたがいの内部に陥入しあう三位一体をとおしてのみ、神は存在する。あるいは、存在とは、このような三位一体による矛盾を本質としてできあがっている。神の本質には底がない。しかし、人間はこの三位一体としての神を手がかりにしながら、その底なしである神そのもののうちに、入り込んでいくことができる——ギリシャ教父たちは、このような複雑な弁証法によって、キリスト教の神を、とらえようとした。

ところが、ローマ世界では、東方の教父たちが苦心してつくった、このような三位一体としての神の思想が、すこぶる評判が悪かった。あまりに難解で理解しがたい、というのがその理由だった。ローマ人は、背後に異教的なゲルマンの広大な世界をかかえていた。その世界にキリスト教を伝えるとき、こんなに高度に哲学的な神の概念を伝えることは、ほとんど不可能に近いことだった。そこで、布教者たちは、早い時期から、父と子と聖霊からなる三位一体の神の概念を、もっと簡単なかたちで教えることはできないものか、と不平を述べていたのである。(20)

それに、ローマ世界のキリスト教は、もともとが「ブルジョア的」な体質をもっていた。そういう体質には、きびしく否定神学的な、砂漠の教父たちの思想は、受け入れにくいものがあった。体質がブルジョアであり、大帝国の布教者でもある、ローマのキリスト教徒たちは、そこで東方の教父たちが認めようが認めまいが、自分たちで勝手に、三位一体論をわかりやすいかたちに、改造してしまおうとしたのである。(21)

そこに、有名な「フィリオクエ論争」(九世紀)がはじまったのだ。そのとき、東方的な三位一体論に不満をいだいていた、ローマ世界のクリスチャンたちは、正統キリスト教のカノンである「ニケア信条」の一文に、巧妙な改変をくわえたのである。「聖霊は父から発出し……」の一句に、「フィリオクエ(子とともに)」という短い文句をつけくわえて、「聖霊は父と子から発出し……」と変えた。

「フィリオクエ」というわずか一句をつけくわえるだけで、どんな変化が生じるのか、彼らは直観的に知っていたのである。これがつけくわえられるだけで、東方的な三位一体論に、根本的な解体がおこってしまうのだ。もしも、改造された信条のように、聖霊が、父と子とから発出するとすれば、聖霊は、「父と子」の結びつきに従属していくことになる。そして、この「父と子」が神の本質となり、聖霊はこの唯一である本質から流出する、個別性、多様性になる。そうなると、キリスト教の神の本質は、一と多様、普遍と個別、本質と特殊のような対立項がつくる、単純な形式論理でとらえることが可能になっていくのである。

フィリオクエは、ローマ世界のおこなった、たいへんな発明だったのだ。これがつけくわえられるだけで、世界の様相は、ガラッと一変する。東方では、神は無底の深みに人をひきずりこみ、その本質は無そのものであった。その無のなかから、矛盾にみちた「父と子と聖霊」による、三位一体の「有(存在)」の神が立ち現れる。ここでは、父も子も聖霊も、すべてが対等の立場で、三位一体をつくっている。しかも、どこにも、単純な本質などというものがない。それを思考することさえ、不可能なのだ。

ところが、ローマ的な世界では、フィリオクエの一句のおかげで、神はもはや、単純で唯一の「本質者」に改造されたのだ。父と子が、その本質を体現する。そして、その本質から、個別性である聖霊が、流出をおこなう。形而上の普遍者から、具体的な世界が発出する。本質が、具体的なものを生産する。一と多様をとおして、世界のことはなんでもわかるようになる。

フィリオクエ――このわずか一句によって、もともと東方的なユダヤ思想として生まれて、非ギリシャ性、非ローマ性をもっていたイエスの宗教は、はじめてプラトン的な形而上学思考と結びつくことができるようになった。そして、このときを境にして、西のヨーロッパは、みずからのアイデンティティを獲得していくようになる。この論争からほどなくして、キリスト教の西と東の分裂は、決定的なものになった(22)。

もちろん、こういうローマ的改造にたいして、コンスタンチノープルを中心にする東方教会は、頑強な抵抗をおこなった。フィリオクエ化されたキリスト教では、神が本質につくりかえられることによって、はじめから「底」が形成されてしまい、もともと底なしで、無限である神というものが、とらえられなくなってしまう。それは、キリスト教を、形而上学にしてしまうだろう。そうなると、キリスト教の神は、個人的な実存をつうじて探求するものというよりも、アリストテレス論理学の場合のように、学問の対象になってしまうではないか。

また、東方の教父たちの思想では、三位一体の神は、ひとりひとりの人間のなかに生きているものだ。父も子も聖霊も、すべては、この生きている具体的な個人を離れては、なんの意味ももたない。ところが、フィリオクエの改変をとおして、神の本質が、形式論理的に思考できるようになれば、重要なのは、個人の実存ではなく、普遍的(カソリック)な教会の権威が、それを「代表」するのだ、ということになってくる。しかし、こういう声は、しだいにヨーロッパの辺境でしか聞かれなくなる。東のローマ帝国は滅亡し、ギリシャとロシアの正教だけに、かろうじて東方の三位一体思想は伝えられ、残されるだけになってしまう。フィリオクエの一句は、キリスト教を西方において、「システム化」することに成功し、そしてその成功は、いずれ世界的な規模に拡大していく。

だが、西欧では、いったんは埋葬されたはずの、その東方的な三位一体論が、ことあろうに、ドイツのプロテスタントの靴屋哲学者の思想に、よみがえりをはたしているのである。ヤコブ・ベーメは、自分の実存だけをとおして、神を探求した。その結果、彼が創造した新しいドイツ風の三位一体論では、本質の「底」を踏み破る無底としての神と、三つのペルソナの自立と、とりわけ、聖霊(ガイスト)の父と子からのみごとな自立が実現された。聖霊は、もはや本質からの特殊の流出ではなく、まさに聖霊として、自立をとげることができた。

ドイツ的な三位一体論は、こうして、同時に「聖霊論(プネウマトロジー)」として、発達をとげるようになったのだ。このときから、「ガイスト」というドイツ語は、特殊なドイツ的意味をもつようになった。しかし、このドイツの特殊現象とは、ほんとうは、地下水脈をとおした、ローマ化される以前の、キリスト教思想の原型のよみがえりでもあることを忘れてはならない。そののちに発達することになる、ドイツ観念論のもつ非西欧性ないし反西欧性の根源が、ここにある。(23)

6

ベーメのプネウマトロジー的な三位一体論は、一八世紀に入ってから、エッティンガーをはじめとする、「ドイツ敬虔主義(ピエティスト)」とよばれる人々によって復興された。そして、その影響は、ヘーゲルやシェリングの青年時代には、学問や信仰に、深く大きな浸透をおこなうようになっていたのである。(24)

ヘーゲルは自分の哲学の体系を構想するときに、ベーメのこの聖霊論的な思考からたくさんのものを取り入れて、それを彼の表現のなかにみごとにのみこんでみせた。それがいちばんはっきりあらわれているのは、彼の『論理の学』における、「概念論」の部分である。そこで、ヘーゲルはベーメによってとりだされた三位一体論のエッセンスを、論理学の概念にうつしかえることによって、論理学を完全に弁証法化してみせた。アリストテレス以来の形式論理学が、こうして、聖霊論のたすけをかりて、ヘーゲルによって、解体されることになったのだ。(25)

ヘーゲルは、「概念」というものを、つぎのように規定している。

概念そのものは、次の三つのモメントを含んでいる。(1)普遍(Allgemeinheit)——これは、その規定態のうちにありながらも自分自身との自由な相等性である。(2)特殊(Besonderheit)——これは、そのうちで普遍が曇りのなく自分自身に等しい姿を保っている規定態である。(3)個(Einzelheit)——これは、普遍および特殊の規定態の自己反省である。(26)

概念は、普遍—特殊—個の三つのモメントを、自分の内部にふくんでいる。そして、それら三つのモメントの相互陥入によって、「判断」と「推理」をおこなう、とヘーゲルは語るのだ。

この普遍―特殊―個が、父―子―聖霊という、神のしめす三つのペルソナに対応していることはあきらかだ。ベーメによれば、「父」のペルソナは、「あこがれの海」のうちにあって、微細な意志をしめしながらも、鏡がないために、自分自身との一体性のうちにある、と考えられる。これはいいかえれば、「規定態のうちにありながらも、自分自身との相等性である」となる。

つぎに「子」のペルソナは、くもりない鏡に映し出された神の像そのものをしめす。つまり、「普遍が曇りなく自分自身に等しい姿を保っている規定態」にほかならない。最後の「聖霊」のペルソナは、「父」をとおって、「子」に陥入し、「子」から出て、「父」にたちかえっていく、生き生きとした力の流れをあらわしているが、これをカント哲学風にいいかえれば、「普遍および特殊の規定態の自己反省」となる。

ベーメ哲学では、この三位一体は、ふたつの意味をもっている。ひとつは、神の存在そのものが、三つのペルソナの一体状態であるという意味だが、もうひとつには、この三つのペルソナの観想をとおして、逆に、神の内部に分け入っていこうとする、認識実践をあらわしてもいる。このことは、ヘーゲルの「概念」にたいしても、そっくりあてはまる。人は、概念によって、現実を認識しようとする。しかし、ヘーゲルの思考では、現実そのものがロゴスとしての概念の展開にほかならない。現実そのものが概念で、人は概念から派生する「判断」と「推理」をとおして、しだいに客観に近づいていくのだ。ここでも、ヘーゲルは、三位一体のベーメ的な理解に、忠実であろうとしている。

さて、ベーメの思想では、萌芽である「父」が、「子」となって発芽をおこすとき、神の統一のなかに分割が発生する様子が説明されていた。ヘーゲルは、それとまったく同じプロセスが、概念にもおこると考えている。概念の統一のうちに、分割が発生して、その分割をつかって、人は「判断」という行為をおこなうようになる、というのだ。ヘーゲルは、判断は特殊性における概念である、と言っている。

> 判断と言うと、人々は普通まず、主語と述語という二つの項の独立を考える。すなわち、主語は事物あるいは独立の規定であり、述語はこの主語の外に、われわれの頭の中にある普遍的な規定であって、この両者を私が結合することによって判断が成立する、と考えている……あらゆる判断のうちには、個は普遍である、あるいはもっとはっきり言えば、主語は述語である(例えば、神は絶対的精神である)という命題が言いあらわされている……[27]

主語と述語の結びつきで表現される「判断」を、ヘーゲルは「子＝特殊」のペルソナの出現とともに生まれる、神の統一の分割という状態に対応している、と考えているのだ。そのとき、無底のうちに、「底」ができ、その「底」からガイストの発出がおこる。普遍である神から、個であるさまざまな具体の事物が、生まれ出てくる。その具体的なひとつひとつの個物は、主語となる。判断では、この主語が「である」をなかだちにして、普遍をあらわす述語に結びつけられる。

ヘーゲルは、ここで、論理学において、「表象」というものの批判をおこなっているのである。彼は、形式論理学が語っている判断論は、根本的な欠陥をもっている、と考える。それが、表象的な思考にもとづいているからだ。

たとえば、「バラは赤い」という判断を考えてみよう、とヘーゲルは言う。形式論理学では、これは植物の一種であるバラに、赤という表象が、外からつけくわえられることによって、できあがっている判断だ。だが、これはじゅうぶんではない。ここは、「存在はことばである」という、『聖書』の思想に忠実であるべきだ。そうすると、問題は聖霊論的に、理解されて、主語であるバラの一性質が、述語において「表現」されている、という事態のあらわれであることがわかってくる。この判断で表現されているのは、じつはバラ自身がおこなっている判断そのものなのだ。この点でも、形式論理学は、ものごとの内側に入り込む能力のない、不完全な思考だと言える。

しかし、判断では、概念の分割がおこったままで、これを三位一体論的に表現すれば、聖霊にみたされたさまざまな具体的な個物は、子のペルソナをなかだちにすることなく、

「である」をつうじて、普遍である父に結びつけられるのだ。こういう状態は、ベーメからすれば、いまだキリスト教的ではない、ということになるし、ヘーゲルに言わせれば概念はまだ、じゅうぶんに客観に近づいていない、ということになる。

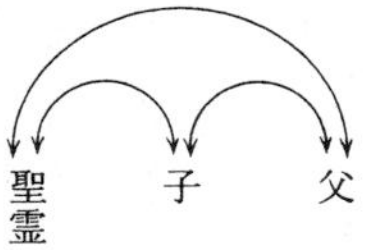

概念が真実のものになるためには、普遍―特殊―個が、まったき三位一体を実現する必要がある。それが「推理」なのだ、というのがヘーゲルの考えだ。

ベーメ的な、あるいはフィリオクエ化以前の東方的キリスト教の三位一体論では、父も子も聖霊も、すべてが自立したペルソナとして相互のつながりをもち、相互の陥入をおこしていた。それと同じように、判断をこえる「推理」において、普遍と特殊と個の概念の三つのモメントは、おたがいの完全な陥入を実現し、それによって、思考はますます実在に近づいていくことになる。

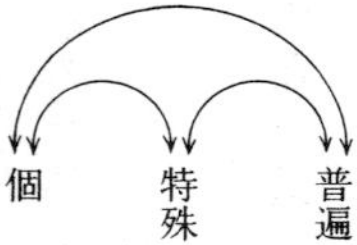

それどころか、「理性的なものは推理であり、しかもあらゆる理性的なものは推理である」とまで、ヘーゲルは断言する。そして、推理の方法として、(1)個―特殊―普遍、(2)普遍―個―特殊、(3)特殊―普遍―個の三つの「格」をあげてみせる。類似性はもはや疑いがない。ベーメ的な三位一体論でもまた、このようにして、三つのペルソナ(位格)のあいだにつながりをつくりだしながら、神の本質の観想がおこなわれる。ヘーゲルの「論理の学」は、聖霊論的な三位一体論の哲学版と言って、ほぼまちがいがない。

このことは、ドイツ観念論とくにヘーゲル哲学の本質を考える上でとても重要だ、と思う。ベーメ的な三位一体論は、無である神の底なしの本体に、深く深く入り込んでいくためにつくりだされている。父と子と聖霊の、三つのペルソナがつくりなす運動をとおして、どこまでも深く、神に近づいていくための方法なのだ。

ところが、フィリオクエ論争以後に、西欧で発達した三位一体論では、そのような深みへの無限の探究が、原理上不可能になってしまったのである。そこでは、神はひとつの単純な本質としてとらえられるようになり、聖霊の自立性は失われるようになった。こういう西欧的三位一体をもってしては、本質の「底」に穴をうがって、無底へむかっての通路を開くことができなくなる。ベーメの神智学は、西欧にあって、そのような西欧の学問にたいする、ラジカルな批判の意味をもっている。

形式論理学にたいするヘーゲルの痛烈な批判に、わたしたちは、同じような精神をみいだすことができるのだ。彼にとって「推理」は、たんなる判断ではなく、概念が自分を客観として実現するための、かぎりない探究の方法としてだけ、意味をもっている。「推理」はペルソナと同じように、絶対の客観に近づいていくためのものだ。ところが、形式論理は、そのような探究を不可能にしてしまう。ヘーゲルも、ベーメと同じように、西欧の形而上学の「底」に、外への出口をうがとうとしていたのである。

7

レーニンはヘーゲルの『大論理学』を研究しているとき、その「概念論」のパートに、とりわけ深い関心をもった。どうやら、そこに書いてある内容が、マルクスの『資本論』の理解の鍵をにぎっているらしい、ということに思いあたったからだ。

ヘーゲルは、大胆に形式論理を踏みにじりながら、「すべての事物は推理である。すなわち特殊によって個と結びつけられているところの普遍的なものである」という、断言をくだしている。これを読んだレーニンは、ノートに「ハラショー!」と書きつけ、そのわきにこう書いた[28]。

> ヘーゲルの推理の分析(個―特―普、特―個―普、等々)を見ると、マルクスが第一章でヘーゲルにならっているのが思いだされる。

また[29]、

> したがってヘーゲルは、概念の運動のうちに客観的世界の運動の反映を研究するとき、カントその他よりもずっと深いのである。ちょうど、単純な価値形態、すなわち一つの特定の商品と他の一つの商品との交換という個別的な行為がすでにそのうちに、未発達の形で、すべての主要な諸矛盾を含んでいるように、――もっとも単純な普遍化、諸概念(諸判断、諸推理、等々)の最初でもっとも単純な形成は、人間が世界の客観的連関をますます深く認識していくことを意味する。ここにヘーゲルの論理学の真の意味と意義と役割を求めなければならない。このことに注意せよ。

レーニンの直観は、まったく正しい。マルクスは『資本論』の第一章「商品」の分析をおこなうために、ヘーゲルの論理学を、あらためて深く研究しなおしているのだ。マルクスは、古典派経済学の限界を、突破しようと試みていた。そのとき、彼が気づいたことは、古典派経済学の商品のあつかい方は、形式論理学の判断や推理のあつかい方と同じ本質をもっていて、そのために、商品の価値の本質をどうしてもつかみだすことができなかったのだ、ということだった。

形式論理は、「バラは赤い」という判断を、本質とその属性として分析している。属性は、本質につけくわえられる表象である。これと同じような思考が、古典派経済学の商品の分析ではおこなわれている。しかしこれでは、「価値をまさに交換価値とするところの、価値の形態をみつけだすことはできない」。

価値の形態というのは、ひとつひとつの商品のなかで活動をおこなっている「価値の概念」が、自分を展開して、しだいに客観化していくプロセスそのもののことだ。商品のなかでは、そういう概念が、生きて、自己変態と展開をとげて、ついには貨幣にたどりつくのである。価値の概念は、商品の外にあって、外から商品につけくわえられる、抽象的ななにものかではない。まさに、「存在はことばである」という、『ヨハネ福音書』の言葉どおり、価値の概念は商品に内在し、商品をとおして、自分をあらわしていくのだ。

だから、商品の本質、貨幣の秘密をあばくためには、古典派経済学のたよっているような思考法の限界を突破する必要がある。そして、その突破のための道具は、ほかならぬヘーゲルによって準備された。

マルクスが、彼のユニークな「価値形態論」をつくりあげるために、ヘーゲルの三位一体論的な「推理論」から、多くのものを取り入れようとしたことは、よくわかっている。(30) ヘーゲルは、普遍—特殊—個という、概念のもつ三つのモメントが、おたがいに媒介しあうプロセスとして、推理というものの本質を描こうとした。推理は、現実のなかで概念が活動する、その形態のことをさしている。そこで、マルクスは、価値の概念が商品のなかで活動している形態をとりだすために、すすんでヘーゲルの推理論にたよったのだ。

マルクスが、そこで三つの形態を基本的なものとしてとりだしたことは、よく知られている。

まず、「単純な商品形態」、これをマルクスは形態Ⅰと呼んでいる。これはたとえば、「20エレのリンネルは、1着の上着に値する」として表現される。ここでは、ひとつの判断がおこなわれ、価値概念はいったん個別と普遍に分割されたあと、繫辞によって結合されている。それについて、マルクスは、こう書く。

要するに、さきに商品価値の分析がわれわれに語ったいっさいのことを、いまやリンネルが別の商品、上着と交わりを結ぶやいなや、リンネル自身が語るのである。ただ、リンネルは自分の思想をリンネルだけに通ずる言葉で、つまり商品語で言い表すだけである。労働は人間労働という抽象的属性においてリンネル自身の価値を形成するということを言うために、リンネルは、上着がリンネルに等しいとされるかぎり、つまり価値であるかぎり、上着はリンネルと同じ労働から成っている、と言うのである。(31)

リンネルはリンネルひとりでいるあいだは、自分は使用価値だ、と語っていた。ところが、それが上着とのまじわりを結ぶやいなや、自分の上着と同等の交換価値をもつ、とも言いだしはじめる。そして、そのとたんに使用価値と交換価値は、ひとつに統一されて、商品を形成するのだ。個が個であるうちは、使用価値だった。ところが、ある個がほかの個とまじわりを結ぶとたん、抽象的な人間労働という普遍をとおして、交換ができるものにつくりかえられる。つまり、形態Ⅰでは、個と普遍が、分割されたまま、ひとつに結びつけられている。

形態Ⅰの不十分さは、あきらかだ。これは、価値概念の運動をとおして、形態Ⅱに発

展していく。(32)

20エレのリンネル＝1着の上着、または＝10ポンドの茶、または＝40ポンドのコーヒー、または＝1クォーターの小麦、または＝2オンスの金、または＝½トンの鉄、または＝その他。

ここでは「あるひとつの商品、たとえばリンネルの価値は、いまでは商品世界の無数の要素で表現される。他の商品態はどれでも、リンネルの価値の鏡になる」という、事態がおこる。これを、マルクスは、特殊的な価値形態と呼んでいる。それは、このやり方では「無数の価値表現の系列」ができあがり、それらはおたがいを排除しあおうとして、商品世界に、すこしも統一がもたらされないからだ。

この状態を、三位一体論の表現にいいかえてみよう。父である普遍を、ものである素材のなかにひそんでいる「価値の萌芽」だとすれば、そこからは子である特殊が、無数の芽として「発芽」をおこす。しかし、そこにはまだ父と子を媒介する聖霊が欠けている。そのために、ここには統一が生まれることができないのだ。形態Ⅰでは、子が欠けていた。そのために、統一は生まれなかった。それが展開した形態Ⅱでは、こんどは無数の子が表面に出てきて、たがいに競いあうことによって、聖霊の力の後退がおこる。

そのために、ここでもまだ、商品世界には統一が生まれない。

形態IIの矛盾を解決するためには、「無数の子」のなかから、父が「もっとも愛する子」を選びだすことが必要だ。そうすれば、聖霊の力はみたされて、父と子を真実に媒介することができるようになる。こうして、形態III、一般的価値形態が生まれる。(33)

1着の上着 ＝
10ポンドの茶 ＝
40ポンドのコーヒー ＝
1クォーターの小麦 ＝　20エレのリンネル
2オンスの金 ＝
½トンの鉄 ＝
x量の商品A ＝
等々の商品 ＝

ここまで展開してきて、ようやく、個別と特殊と普遍は、三位一体的な状態を実現するようになる。

> リンネルは、他の一つの商品が価値の現象形態としてリンネルに連関することによって、個別的等価物となったのと同じように、リンネルはすべての商品にとって共同的な価値の現象形態として、一般的等価物、一般的な価値肉体、抽象的人間労働の一般的な体化物となる。したがって、リンネルに物質化されている特殊的な労働は、今[34]や、人間労働の一般的な実現形態として、一般的な労働として妥当しているのである。

マルクスの価値形態の分析で、いちばん重要なポイントになっているのは、形態Ⅰが形態Ⅱに展開していく瞬間なのだ。形態Ⅱは、形態Ⅰを「基礎的要素」として、それにラジカルな変化をくわえることによって生まれてくる。もうそうなればしめたもので、形態Ⅲはこの形態Ⅱを「転倒し、または逆の関連にする」だけで、自動的に発生してこられるようになっている。では、形態Ⅰから形態Ⅱへの変態に、いったい何がおこっているのか。

それはほかでもない、「特殊」の力による。特殊が個別と普遍をつなぎあわせる、「唯一の媒介項」として登場してきたとき、概念に発生した原始的な分割が、ふたたび三位一体的な統一をとりもどしていく運動が開始される。ここから、貨幣と商品の巨大な世界の形成と発展が、はじまるのである。

ヘーゲルが特殊と呼んでいるものは、ベーメの聖霊論的な三位一体論でいう「子」に対応している。商品世界では、この「特殊＝子」のはらんでいる力によって、価値形態をつくりだす運動に決定的な飛躍がおこり、それをきっかけとして、商品は貨幣形成への、着実な運動を開始するようになるのである。商品の巨大な集積からなる、資本主義世界の精神は、まったくキリスト教的ではないか。

イエスの宗教は、「子」の存在によって、ほかの宗教にたいして、きわだった特徴をもっている。「子」は、普遍的で、超越的で、抽象的な「神」を、個別的で、具体的で、感性的な世界に媒介して、つなぐ働きをしている。そのために、この宗教の思考は、もともとが弁証法的で、奥深いところではつねに客観性を求めている。そして、プネウマトロジー的な三位一体論こそ、そのようなキリスト教の本質を、正確に反映した思考法なのだ。

『資本論』におけるマルクスの成功は、ひとえに彼がプネウマトロジー（聖霊論）的な思考を、具体性の世界で駆使することができたことによるのではないだろうか。古典派的な、ブルジョア経済学者たちには、それは不可能なことだった。商品の謎にとりくむために、彼らが手にしていた思考には、概念の運動をその深みでとらえることのできるような、三位一体性がそなわっていなかったためである。そのために、普遍と特殊と個別がおたがいを媒介しあっている、価値の運動の内部にまで、入りこんでいくことができなかったのだ。そして、そのことは、ブルジョア社会の本質にまで、深いつながりをもっている。

人間の精神にひそんでいるブルジョア性に、最初に大規模な現実性をあたえたのは、ローマ帝国だ。そのローマ帝国は、東方のキリスト教世界で深められていた、聖霊論的な三位一体の思考法を、「フィリオクエ」という短い言葉の挿入によって、ひそかな改造を実現してしまった。そのとき、三位一体論は、みごとに合理化されて、「西欧のキリスト教」の思想的基礎となった。ところが、西欧でいったん埋葬されたはずの、聖霊による三位一体論が、不思議なことに、ひとりの靴屋の親方の哲学者によって、プロテスタントのドイツに、よみがえりを果たしていたのだ。

ドイツ・イデオロギーのもつ、奇妙に矛盾した性格は、そこから生まれている。ここにも、もともと、ブルジョア世界を解体する思想の原理が、種子として埋め込まれてあるのだ。ところが、観念論化したドイツ哲学には、そのことが見えなくなってしまった。マルクスたちは、そういうドイツ哲学の心臓を破って、そこから、キリスト教的ブルジョア世界の解体のための原理をつかみだそうとした。『資本論』は、聖霊にみたされた書物なのだ。

8

三位一体論は、キリスト教神学の創造でも、独占物でもない。それは、生命そのものに内在している論理を、もっとも「客観的」に表現したものにほかならない。しかし、あらゆる宗教思想のなかで、キリスト教が、そのことにもっとも意識的だったことはたしかだ。イエスという男は、自分が父である神の子である、ということに、深遠な意味をこめようとしていた。そのことは、福音書の作者たちにも、強く意識され、そののち、キリスト教を哲学化しようとこころみた、ギリシャ教父たちによって、それは三位一体論として、明確な表現を与えられるようになったのである。

だが、それはキリスト教だけに見られる現象ではない。生命の本質をことばの力でとらえようとした、古代と中世のあらゆる思想において、それはいろいろなかたちをとった三位一体論の萌芽として、考えられ、表現されてきた。ヤコブ・ベーメのような人は、敬虔なルター主義のキリスト者であったとはいえ、本草学や錬金術に関心をいだいていた、ヨーロッパの古い自然哲学者につながりをもつ人だった。そのために、彼のなかには、はじめから生命の本質についての三位一体論的な直観があり、それがキリスト教をとおして、はっきりとしたかたちをあたえられるようになったのだ、と考えられるのだ。

ヘーゲルの論理学が、三位一体論としての特徴をそなえていることは、これから理解できる。彼の思考は、「ドイツ・イデオロギー」の伝統に忠実だった。それは、「はじめにことばがあった」という、『ヨハネ福音書』の表現にこめられている、存在とロゴスの一体についての考えを、思想のすべての場面に徹底してつらぬかせようとする態度に、みいだすことができる。

ここから、ヘーゲルは、「概念は生命の自己同一性である」とか、「理念の直接性は生命である」と、語るようになる。彼にあっては、概念は生命そのものなのであり、概念がおこなう自己運動は、生命がみずからの能力でおこなう自己運動と、まったく同じ論理にしたがうものであったのだ。ヘーゲルが形式論理学を批判したのは、そのためだ。アリストテレス的な形式論理学は、生命の運動の外で、自立した形式の運動をしていた。カントもまた、「物自体」のなかには踏み込んでいかないで、それを抽象的なもののままに、放置した。しかし、ヘーゲルの考える論理学とは、いっさいの形式論理学にさからって、まず生命そのものの論理をとらえるものでなければならなかったのだ。

そのとき、彼の論理学は、はっきりと、三位一体論の特徴をそなえるようになった。しかも、ラテン的に変形されたそれではなく、ベーメ的、ドイツ的な、聖霊の生気にみたされた、三位一体論だったのだ。マルクスが、ブルジョア経済学の限界をこえて、資本主義社会の秘密をとらえようとしたとき、このヘーゲルの論理学に力をかりたのは、マルクス自身が、資本主義そのものを、生命のひとつの発現としてとらえていたからである。

商品の価値形態は、概念としての自己展開をおこなう。それは、概念が、有機的なこの生命そのものではないけれど、「生命のようなもの」だからである。概念の自己運動のなかには、生命の活動そのものが「反映」されている。だから、商品はひとつの概念として、三位一体的な論理運動をおこなうのだ。概念を普遍―特殊―個別の相互媒介としてとらえる、ヘーゲルの概念論によって、その様子ははじめて、正確にとらえられるようになる。つまり、正確に「反映」される。価値というものが、「生命のようなもの」だからである。

しかし、商品も貨幣も、生命ではない。それは、概念が生命そのものでないのと同じだ。マルクスとレーニンの「唯物論」が、ヘーゲルのかなたに切り開こうとしていたものとは、「生命のようなもの」の「底」を破って、そこから生命そのものにたどりついていく、未知の思想の運動を発芽させることだった。概念には、「底」がある。価値にも「底」があり、商品社会のフェティシズムは、そのことを見えなくさせる。商品社会は、生命そのものを隠す社会なのだ。

共産主義とは、そうしたもろもろの「底」をつき破るための思想ではないのか。概念の「底」、価値の「底」を突き破って、底なしである生命の運動が出現する。そのとき、共産主義思想の前には、奇妙なことに、あのドイツの靴屋の親方、ヤコブ・ベーメのやさしく親しげな姿が、立ち現れてくるのだ。ヘーゲルのなかから出現したものが、ヘーゲルを無底にむけて、開いていくのである。

第六章　グノーシスとしての党

1

ことばが意識に「底」をつくりだし、そこからガイストが生まれるように、商品が資本主義社会の「底」であり、「細胞」であり、そこから資本主義のガイストが発生しているのだ。商品のおおもとである、価値形態の運動は、細胞の活動がそうであるように、資本主義の巨大な社会体のあらゆる部分をつらぬいて、それをまるで生き物のように生かしている。『資本論』の核心を語った、レーニンのつぎの言葉は、とても有名だ。

> マルクスは『資本論』のうちでまず最初に、ブルジョア社会(商品生産社会)のもっとも単純な、もっとも一般的な、もっとも基本的な、もっとも大量的な、もっとも普通な、人々が何億回となくでくわす関係、すなわち商品交換を分析する。分析は、このもっとも単純な現象のうちに(ブルジョア社会のこの「細胞」のうちに)現代の社会のすべての矛盾(あるいはすべての矛盾の「萌芽」)をあばきだす。それにつづく叙述は、これらの矛盾およびこの社会の発展を(成長をも運動をも)、その個々の部分の総和において、初めから終りまで、われわれに示す。[1]

商品社会のコスモスにたいして、まるで違和感をいだくことのない意識には、資本主義社会についてのこういう分析をできないし、またできたとしても、そんなことはたいして意味をもたない。そういう意識は、いってみれば、商品という「底」の内側にいても、そのことに気がつかず、自分たちの意識の「底」をつくっているもののむこうに、異質な運動をおこなうリアルが実在することを感知できないのだ。ところが、マルクスの知性は、商品社会のその「底」をはっきりつかみだそうとした。彼の精神は、商品の「底」のむこう側にひろがっている、異質なリアルの実在を、たしかに感じ取っていたはずだ。では、その「底」のむこう側を感じ取り、認識するためには、なにをすればいいのか。

そのためには、たとえば、笑いについて考えてみるのがいい、と思う。動物は、たのしさやおかしさを知っているのに、人間のように笑うことはしない。それは、彼らの生命の内部からわきあがってくる力、「ピュシス」や「ゾーエー」や「物質」などとよばれる力の先端部をせきとめ、うけとめるためのクッションが、動物の意識のなかにはないからだ。ところが、人間の場合には、ことばがしゃべれるようになるずっと以前から、すでに幼児の身体の中には、そのようなクッションの形成が準備されているのである。(2)

ことばがしゃべれるようになる前から、人間の幼児の意識には、もう「底」ができかかっているのだ。ゾーエーの力が、幼児の身体にわきあがってきたとき、この子の欲望は、母親のやわらかい乳房にうけとめられ、しなやかにくだけ、それをクッションにして、無底のゾーエーには「底」が発生するようになる。この「底」を原基にして、最初の空間性がつくりあげられ、音と意味の原始的な結合である、はじまりのことばが、幼児のなかから発出する。

この「おさなごの笑い」こそが、空間の意識や、言語活動をおこなう意識すべての、土台となる。ちゃんとした大人のことばをしゃべるようになっても、人の身体の中では、この笑いが、見えない土台として、生きつづけている。このやわらかい土台には、「底」がある。そして、この「底」にむかって、運動としてのゾーエー(やピュシスや物質)が、たえまなく打ち寄せ、接触をくりかえしているのだ。

わたしたちの意識は、原初の笑いが形成する、そのような「底」の内部を生きている。だからそれは、「底」をとおして、たえず暗い、無底のゾーエーに触れている。しかし、そのことは、言語と文化のつくりあげる社会のほうにばかり、意識が関心をむけているうちに、いつしか見えなくなってしまう。そのときでも、わたしたちはしょっちゅう笑ってはいるのだけれど、その笑いにはもう、「底」に接触するゾーエーのなまなましい直接性が、失われてしまっているのだ。

だから、人間はレーニンのように、よく笑う必要があるのだ。笑いの波打ちに身をゆだねきって、どうにも笑いがとまらなくなり、目には涙まで浮かんでくる。いっさいの思考は、打ち寄せる笑いの波頭にさらされて、足元をぐらつかせ、硬い土台を掘り崩されて、崩壊していく。そのとき、意識の「底」には、異質なものの力、ゾーエーとピュシスと物質の力が、直接触れているのが感知できるのだ。はげしい笑いの波打ちのなかで、意味のこわばりは溶解して、それがことばや空間のはじまりをつくりだした、あの原初の笑いのなかに、一体になっていくのがわかる。

そういう笑いを、バタイユは、別種の笑い、至高性の笑い、とよんだ。人間の意識の「底」を露呈させる、破壊的な力をもった笑いだ。意味のあることがほんとうは無意味だといって笑うのではなく、そういう意味が積極的に解体をおこして、その裂け目から、意識のなかに、見も知らぬ「未知のもの」が出現するときにわきあがってくる、「神的」な笑い——この至高性としての笑いは、意味の物質的な土台を露出させる力をもち、そのとき、意識は笑いながら、ゾーエーのおそるべき力のなかにみずからを失ってしまう。そういう笑いのなかでは、ことばのアルファ(はじまり)とオメガ(おわり)が、一体となるのである。

このように、ことばには、笑いをとおして至高性の瞬間が、おとずれることがある。では、商品には、そのような至高性の瞬間が、おとずれることがあるのだろうか。原理上はそれも可能だ、とバタイユは考えている。商品がブルジョア的に、つまりは私有財産的に消費されるのではなく、留保なし、限界なしの状態で、壊滅的に消費されるとき、商品といえども、そのような瞬間を体験することができる、と彼は語るのだ(3)。

商品が、自分をつくりだしている価値形態の運動を、限界もなく、前方へ押し出していくとき、それは留保なしの消費である、蕩尽に自分をゆだねていくことになる。そういう場合には、ものは商品として交換されながらも、私有財産として、ふたたび個人の所有に眠りこんでいくのではなく、社会性のまっただなかで(その社会性が、交換価値をもった商品を、つくりだしたのである)、あとかたもなく消費されつくす。

そのとき、価値形態の「底」が破れ、そこから純粋な欲望が、流れ込んでくるのだ。純粋な欲望とは、生体のなかにわきあがってくる、生命システムを過剰したゾーエーにほかならない。だから、蕩尽のなかでは、消費はゾーエーに直接に結びつき、商品をつくりだす価値の運動は、この蕩尽をとおして、無底である生命そのものに近づいていくことになる。「生命のようなもの」にすぎなかった、商品を生み出す価値概念の運動は、このとき、生命そのものにむかって、自分を開いていくことになるだろう、とバタイユは考えるのだ。

このことばにとっての笑いであり、商品にとっての蕩尽であるものが、レーニンの思想においては、ツァーリと資本主義の社会にとっての革命であり、またその革命の現実性にとっての「党」なのである。

レーニンの指導したボリシェヴィキ党の最終プログラムは、運動の初期の頃からすでに、ツァーリ権力を倒して、民主主義革命を実現することにとどまることなく、その民主主義革命をものりこえて、さらに資本主義社会をその「底」の部分から、根底的につくりかえるための社会主義革命をめざしていた。資本主義社会の「底」をつき破って、そこから人類にとっての「未知」の可能性を侵入させ、それをきっかけにして、人類のつくる社会なるものを、唯物論的な「客観」(それには、「共産主義」という名前があたえられた)にむかって動きださせる運動を開始させようとしたわけだ。

レーニンの考えでは、このような最終プログラムの実現をめざして、いま実現されている世界の「底」をつき破るためには、資本主義のつくりあげるコスモスにたいして、はげしい否定の精神をもった人々からなる「党」を構築することが、最大の重要性をもっていたのである。この「党」にたいして、レーニン自身がおこなったイメージづくりや理論化を見てみると、いよいよこの「党」なるものが、笑いや蕩尽のなかにひそんでいるものと、密接な関連をもっていることがわかってくる。

どはずれな大笑いが、意味の世界をぐらつかせると、ことばの動きの底部に、物質的なゾーエーの力が侵入してくる。その物質的ゾーエーは、流動性をそなえた、純粋な力そのものだ。物質的ゾーエーの内部は、ただ純粋な矛盾だけによってつき動かされ、弾力性と屈伸性をもった力の流れであり、笑いとともに、ことばの構造体のなかに、この異質な力の流れが流れ込んでくると、こわばった世界は解体して、ことばのはじまりに実現されていたような、生気がよみがえってくる。いじけた商品社会の消費者を否定する、バタイユの考えた絶対的消費者において、同じような変化の事態がおこっている。そこでも、純粋な矛盾、純粋な差異である、なめらかな力の流れの実在が、イメージされている。

革命の「党」というものも、レーニンのイメージのなかでは、純粋な矛盾、純粋な差異である、その物質的ゾーエーの組織体というものに、よく似たものだったのである。「党」は、革命の実現をめざす。そのプログラムの最終的な目標は、資本主義世界の総体的な変革にある。それは根こそぎの変革、資本主義の「細胞」である商品からはじまって、国家にいたるまで、社会の全構成を巻き込む変革でなければならない。

そのためには、レーニンの考えた「党」は、資本主義の原理にとってはまったくの異質性をそなえ、それがつくりだす社会と文化の「底」をつき破って、そこから「客観」の力を流入させる能力を持つ必要があるのだ。「党」に属するひとりひとりが、そのような「客観」を体現することができなければならない。つまり、彼らは、「戦闘的な唯物論者」でなければならないのだ。そのためには、「戦闘的な唯物論者」の思考と身体は、ゾーエーやピュシスや物質の運動に結びついている必要がある。「党」は資本主義社会の外にある力を組織して、「底」を破り、それを無底にむけて開いていこうとするのだ。

レーニンの構想した「党」とは、なんと異様にロシア的なものであったことか。それは資本主義のつくりあげる全コスモスにたいする、ラジカルなニヒリズムを原理とする。しかも、それはレーニンの思想のなかでは、充実しきった物質的ゾーエーの運動に組織をあたえて、資本主義の全構成体に、自己変態を開始させようとする、生気あふれるニヒリズムなのだ。レーニンの「党」とは、われわれの世界に露頭した、無底からの発芽なのである。

2

レーニンの革命理論では、はじめから「党」の創出ということに、大きな意味があたえられていた。そして、そこで考えられてきた「党」には、純粋性と分割性という、ふたつの原理があたえられていたのである。

そのことは、彼の思想の初期に、もうはっきりあらわれている。一九〇四年にレーニンが書いた政治パンフレット、『なにをなすべきか？』(4)を、まず見てみよう。この時代に、ロシアの社会民主党のなかでは、いわゆる「経済主義」が、大きな影響力をもっていたのである。その考えによると、労働者の運動は、いきなり社会主義革命などをめざすべきではなく、賃金を上げたり、労働条件をよくするための、経済の面でのたたかいに集中すべきなのである。労働運動は自然発生性にまかせなければならない。そこに強力なドライヴを加える、中央集権的な「党」などが出現してはならない、と経済主義は主張した。

レーニンはこの考えに、まっこうから反対したのである。彼は、自然発生性などを信じていなかった。意識が自然であるかぎり、それはけっきょくコスモスの秩序におさまってしまう。たとえそれが倒錯した社会的コスモスであっても、自然な意識にはそれをつき破って、「客観」にたどりついていく運動を開始していくことができない。だから、自然な状態のなかに、反コスモスの力を注ぎ込んで、コスモスの秩序のなかでのまどろみを破っていかなくてはならない。ツァーリと資本主義の社会にたいする、反コスモスの力の組織化をはからなくてはならない。そういう「党」を創出しなければならない、というのがレーニンの主張だった。

要するに、革命を現実化するためには、反コスモスの強度をとりあつかうことに熟練した、「職人性」をもった革命家の集団をつくらなければならない、というのである。たしかに、自然のなかに包み込まれ、隠された状態にあるピュシスやゾーエーの力を立ち上がらせるためには、ある種の技術が必要で、しかもそうしてとりだされた力は、ふつうのコスモスの秩序にはおさまりにくい強度をそなえているので、熟練した職人でないと、なかなかその力に有効な形態をあたえて、効果的に利用することはむずかしい。革命の実現のためには、百人の愚者よりも、十人の賢者の存在のほうが重要で、その賢者とは、職業革命家(革命の職人)にほかならない、とレーニンが語るとき、彼の頭のなかには、高温に溶けた鋼鉄の流れをたくみにあつかう、技師や職人のイメージがいだかれていたように思われるのだ。

レーニンは、革命をひとつのテクネーとして、とらえていたのである。テクネーは自然の形態の内部から、ピュシスを純粋なかたちで取り出し、立ち上がらせる行為だ。テクネーは、けっして自然発生的ではありえない。自然の状態では、季節がきて、植物に花が咲くように、おだやかなポイエーシスのプロセスがくりかえされる。自然の秩序に過剰した力は、季節のなかのほんの短い時間にだけ、あらわれるが、たちまちにして、それはもとの秩序の内部に包み込まれていく。しかし、テクネーは、そうではない。それは、自然の秩序のなかから、純粋な状態のピュシスを、荒々しいかたちで立ち上がらせようとする。そのとき、テクネーの行使者である職人は、その反コスモス的な強度をたくみにあつかって、それに新しい形態をあたえようと試みるのである。

革命のための「党」は、資本主義社会の総体(コスモス)にたいして、テクネーの技を行使しようとする集団なのだ。だから、それは職人性をそなえていなければならない。レーニンは、そのような革命の職人集団の特徴を、つぎのようにまとめている。(5)

(1) 確固とした、継承性をもった指導者の組織がないなら、どんな革命運動も永続的なものとはなりえない。

(2) 自然発生的に、運動にひきつけられてくる大衆が増えてくればくるほど、こういう組織が必要になってくる。またそうなればなるほど、組織は強固でなければならない。

(3) この組織は、職業的に革命活動にしたがう人々から、なりたつことになる。

(4) 政治警察との闘争がはげしいところでは、この組織は熟練した革命家だけに、範囲をせばめておいたほうがいい。

(5) 問題は、職人技への熟練度であって、出身ではない。

レーニンはここで、ほとんど技術(テクネー)論的なことしか語ってはいない。彼のヴィジョンの中では、共産主義のための革命とは、資本主義社会の「底」をつき破る異質な力を、効果的に組織することによってのみ意味をもつものであり、そのためには、高度な流動性や強度をそなえた力をあつかうためのテクネーが必要だ、と考えられていただけなのだ。彼の構想した「党」は、純粋な職人の親方(マイスター)だけからなる、たたかうツンフトにほかならないのだ。

したがって、このことをとらえて、レーニンは政治を技術化したといって非難するのは、おそらくあたらない。彼はつねにものごとを、テクネー論の側面から思考していた。主観の外にある客観の運動のほうから、ものごとを思考しようとしていたからだ。そしてその運動を効果的な力につくりかえるためには、彼の唯物論はテクネー論に変態しなければならなかった。そのために、彼の場合、政治はそのおそろしく広範囲なテクネー論の一部分として、はじめて意味をもつことになるのである。だからむしろ、レーニンにあっては、技術が政治化されて、革命のために使用されたのだ。

こうして生まれた「党」は、自分の純度を高めたまま維持していくために、内部で分割をおこしていかなければならない。不純な要素、断固とした態度のとれない日和見主義などを自分の内部にかかえたままでは、「党」はたたかうことはできない。そのときには「党」は、みずから分裂をおこして、不純な、日和見主義的な要素を分離しながら、進んでいかなくてはならない、というのがレーニンの「党」についての思想のもうひとつの側面である。

ここでも、レーニンはものごとを、テクネー的に思考しているのがわかる。鉄鉱石に高温を加えるのは、それを純度の高い、流動体に変えるためだ。熱によって、不純物は、早く溶けだして、分離していく。その製鉄技術と同じように、「党」はみずからをより「高温」にして、不純要素を分離していかなければならない。そのためには、はげしい論争が必要で、きのうまでの友人は、それによって排除されていくことになるかもしれない。しかし、それは「党」にとっては、必要不可欠なことなのだ。

「党」がコスモスにまじりあい、その秩序にのみこまれてしまわないためには、いっさいの日和見主義をすてて、思想的に「高温」を保った、純粋な流動体にならなければならない。一九〇四年、ロシア社会民主党が、ボリシェヴィキとメンシェヴィキに分裂をおこしたとき、多くの人たちが、レーニンたちのとった分裂主義的な行動を非難した。だが、レーニンの考えでは、このような分裂と分離こそが、「党」が生まれ出るためには、どうしても必要だったのだ。技術が、自然の奥底から、ピュシスを純粋な物質としてとりだすために、高温分離をおこなっているように、「党」も分割をとおして、自分を純粋な力の組織体としてつくりだしていく必要がある、というわけだ。

レーニン的な「党」は一枚岩の状態を理想とする、という表現は、こうして見ると、まったく不正確なものであったことがわかる。それは、岩の状態ではなく、むしろ岩を押し出す溶岩流のイメージだ。その熱い流動体の先端が、冷えて、固まったときに、岩ができる。レーニンの構想していた「党」というものは、地上に露頭した一枚岩ではなく、自然の奥に活動をつづけるピュシスのうちに、自分の生命をみいだそうとしていたのではないだろうか。分割と分離は、政治のというよりも、むしろテクネーの原理をあらわす。テクネーは、自然の秩序をはみだすピュシスの力を造形するために、その原理を使う。レーニンは同じ原理を、資本主義的コスモスにあらがう、反コスモスの力を組織化するために用いようとしたのである。

ところがここから、「レーニン＝グノーシス」の疑いが、発生することになったのである。レーニンは、労働者の意識が自然に成長してくるプロセスに、運動の未来をゆだねていこうとする考え方を、経済主義として、きびしく批判した。彼は、高度な階級意識をそなえた、プロフェッショナルな革命家の集団がつくる「党」によって、革命の運動は導かれていかなければならない、と考えたのだ。

どうして、「党」にそのようなことが可能だ、と考えられたのか。それは、「党」だけが、歴史の秘密についての「叡智」をもっている、とされたからだ。マルクス主義的な史的唯物論が、そのような「叡智」をあたえる。そして、そのような「叡智」は、大衆のなかから自然に発生するものではなく、とぎすまされた反コスモスの階級意識のなかからのみ、生まれることができるものだった。自然は革命の味方をしない。ただ自然におさまりきれない、異質性の意識だけが、資本主義コスモスのラジカルな否定を実現することができる。「党」とは、いわば革命にとっての「アデプト(成就者)」なのである。

このような特徴をもつ、レーニン主義の「党」が、古代キリスト教に発生した、グノーシス異端ときわめて類似の思想をもっていることには、一九三〇年代以降、たくさんの学者たちが気づきはじめていた。(6)

グノーシスは、正統となったキリスト教会とは異なり、神の国を実現するための、教会の役割を否定したのである。教会には、意識の高いものも意識の低いものも、ともに集まってきた。そして、地上にこうしていまある教会こそが、すでにして神の国なのだ、と主張された。つまり、正統キリスト教では、大衆の意識の自然発生性が肯定されていて、すでに神の国である教会には、自分をとりまく世界にたいして、はげしい反コスモスの感情をいだく必要はとりたててない、と考えられた。

ところが、グノーシスたちは、そうは考えなかった。グノーシスとは、存在と歴史の秘密にかんする「知識」という意味をもっている。グノーシス主義者たちは、自然発生するものとはちがう、ラジカルな知性をそなえた人々だったのである。彼らは、完全なる「新しい人間」の誕生をめざして、はげしい修行を重ねた。彼らは教会ではなく、選ばれたものだけからなる修道院こそが、神の国の実現には必要なものなのだ、と考えた。グノーシスは、いってみれば千年王国への「前衛」なのだ。

このグノーシスは、紀元一、二世紀頃にはほろびた。しかし、その精神は死んではいなかったのだ。それは、レーニンの「党」思想となって、革命のロシアによみがえったのである。レーニン思想を、二〇世紀のグノーシスとしてとらえることができる。それは、キリスト教最大の異端に直結する、精神的系譜にたっている。彼は新しい突発的な現象ではない。それは、西欧の歴史にたえず復活しては、滅び去っていくグノーシス精神として、ひとつの伝統につながっている。

レーニンの思想を、グノーシス思想の一変種としてとらえようとする、さまざまな研究が、ここから生まれることになった。レーニンははたして本当にグノーシスなのか？この問題は、レーニンの「党」思想にとりくんでいる、私たちの探究をも、おおいに刺激するものをもっている。レーニン＝グノーシスの問題を考えるため、このような考えが生まれることになった、そもそもの発端から、たどりなおしてみることにしよう。

3

一九三〇年代のドイツで、古代宗教を研究していた、ハンス・ヨナスという優秀な青年が、古い文書の山の中にひとつの奇妙な事実を発見し、それに深く心を動かされていた。多くの人々が、ワイマール共和国の未来に、言い知れぬ不安を抱いていた時代のことだ。(7)

有名な聖書学者であるルドルフ・ブルトマンの学生として、厳密なフィロロジーと解釈学の方法を学んだ彼は、キリスト紀元頃の中近東や小アジアやエジプトで大流行をとげていた、「グノーシス」と呼ばれる宗教が残した文書を調べていたのである。こういう研究をはじめる前、彼は哲学者ハイデッガーのもとで学んでいたので、当時の現代思

していると、古代のグノーシス思想とが、

想の動向には、くわしい理解をもっていた。ハンス・ヨナスはそのとき、ハイデッガーに代表される現代思想と、古代のグノーシス思想とが、きわめてよく似たニヒリズムの発想とトーンを共有している、という事実を発見したのだ。これはいったい、何を意味しているのだろうか、と彼は考えた。

　グノーシスは、一、二世紀頃のヘレニズム世界の周縁部に発生した、興味深い宗教と思想の現象である。それは一種のシンクレティズムとして、キリスト教、ギリシャ哲学(とくにプラトン主義)、ユダヤ教や、さらにそのもっと東方の諸思想をブレンドした、真新しい、魅力的な宗教思想として、人々の心をとらえていた。東方的な思想が、ユダヤ＝キリスト教の徹底した一神教に出会うことによって、この地帯で自己変容をおこしたのだ。そして、一神教にたいするみずからの異質性を、精密なギリシャ哲学の表現をかりて、表現した。そのために、そこではキリスト教徒の思想でありながら、ローマ化されたキリスト教西方の思想とは、根本的なちがいをもった「異端思想」が、成長をとげることになったのである。

　グノーシス思想の特徴は、その二元論にある。東洋的な特徴をもった思想らしく、それは、現実の世界や宇宙(コスモス)の秩序を、そのままで承認することを拒否するのである。仏教は、ニルヴァーナ(解脱)とサンサーラ(輪廻)を分離して、輪廻をつき動かしているコスモスの理法のなかには、ほんとうの真理はない、と断言した。絶対的な自由である解脱の状態は、輪廻の流れから抜け出したときに、はじめて実現できる。このように考える仏教は、基本的に二元論の思想であり、そのために、西欧から見るとニヒリズムに見えるのだ。

グノーシスには、このような東方的な思想が持つ、二元論が潜在しているのである。グノーシスはキリスト教でありながら、『聖書』の神が創造したこの世界を承認しない。唯一の神によって創造されたというこの現実の世界は、ひどい苦しみ、悪、腐敗、混乱と矛盾にみちているではないか。もしも、創造の神がみずからのプランにしたがって、このような世界をつくったのだとしたら、その創造神とは、邪悪を本質とした偽物の神、悪の神なのではないだろうか、とグノーシスは問いつめていったのだ。

コスモスとして実現されてあるこの世界には、真実の神はいないのだ。それはコスモスによって、隠されてしまっている。人間はそのことを知らないままに、偽物の神が創造した、物質的世界のイリュージョンのなかでだまされたままに、一生を終わる。だが、この世界の外部に、それから隠されて、真実の神がある。その神はコスモスの創造には、いささかもタッチしたことがなく、この宇宙のどこにも所属していない。人間は叡智(グノーシス)によって、そのことを理解しなければならない。それを知って、悪の神によって創造されたこの世界を否定し、そこから抜け出すことを試みなければならない。

このように考えるグノーシス思想を、輪廻と解脱を分離する東方的な二元論の思想と、ユダヤ＝キリスト教に潜在する終末論との合体として、とらえることができる。ユダヤ教はこのコスモスのなかの空間のどこかに、救いの場所があるとは考えない。救済は、空間のなかにではなく、時間のなかにみいだされるものなのだ。大地への帰属を、ユダヤ人は、何度も何度も否定されてきた。そのために、彼らは人類のなかではじめて「時間の民」となった。そのために、ユダヤ教にも、キリスト教にも、終末論のトーンがつきまとうことになった。こうして、空間と大地として実現されているこのコスモスは、かならず終わりをもっている、と考えられることになった。ユダヤ＝キリスト教は、「時間」によって、コスモスの秩序を否定しようとしている思想なのだ。それは、「時間による二元論」を潜在させている。

グノーシスでは、この「時間による二元論」と、東方的な「空間による二元論」との結合がおこっている。たくさんの預言者が、世界の終わりを予告した。しかし、どの預言もけっきょくは、はずれてしまった。ユダヤ的な「時間による二元論」は、キリスト紀元頃の世界で、深刻な挫折を体験していたのだ。そこで、ローマ世界に進出していたキリスト教徒は、この終末論を世界の内部にとりこもうと試みたのだ。神の国は、すでにこの地上に実現されている。キリスト教徒による、地上の「教会」こそが、その神の国にほかならない。終末を待ち望むよりも、われわれキリスト教徒は、この「教会」の創出をつうじて、空間のなかに、神の国を実現していく事業に着手すべきなのだ——キリスト教の正統派はこのように主張して、現実世界を否定するニヒリズムを、自分の内部からとりのぞこうと努力したのである。

ところが、より東方的なグノーシス派の人々は、それとはちがうやり方で、「時間による二元論」の空間化をおこなった。グノーシス的な傾向をもった人々は、地上の教会がすでにして神の国である、という正統派の人々の主張を認めることはできなかった。それが「カエサルのものはカエサルに、神のものは神に」と語った、イエスの思想を歪めてしまうように思えた。教会による正統派は、キリスト教の生命である反コスモス性を、コスモスのなかにもういちど埋め込んでしまおうとしている。ここでは、二元論の一元論化がおこっている。

グノーシスは、その一元論化を拒否しようとした。それをおこなうのに、彼らは、東方的な「空間による二元論」を、キリスト教の論理のなかで表現しようと試みたのだ。そこでは、輪廻するコスモスと、そこからの自由である解脱とが分離された。そうなると、『聖書』が説いている神による創造の行為は、独特のアイロニーをもって語られるようになり、教会の秘儀(サクラメント)をとおして、地上の救済がおこなわれるという、使徒教会の正統思想も否定された。グノーシス(叡智)だけが、人間に真実の救済をもたらすことができる。こうして、グノーシス派は、正統キリスト教会に対抗しながら、「時間の民」の思想として発生した、ユダヤ＝キリスト教に潜在する、反コスモス性を保ちつづけようと試みたのだ。

一、二世紀頃の小アジアや、ギリシャや、エジプトの世界では、まだキリスト教は、はっきりとした骨格を形成してはいなかった。そこは、思想的な多様性の海だったのだ。その海のなかで、グノーシスは徹底した二元論の思想を追求して、知識人のあいだでは、たくさんの支持者を得ていた。そのために、それはキリストの使徒教会にとっての、最大の敵となったのだ。はげしい論争や勢力争いの果てに、キリスト教会は、グノーシス派にたいして「異端」を宣告した。それを境にして、グノーシスの没落がはじまった。彼らの書物は焼かれ、異端者たちは辺境地帯に追いつめられ、歴史の表面からは、事実上消滅していったのである。

しかし、ハイデッガーの実存哲学を深く学んだ体験から、ハンス・ヨナスは、ここで奇妙な事実に気がつくことになるのである。グノーシスは、たしかにいったんは異端として否定され、記憶の大地の下に埋葬されてしまったかのように見える。彼らの書いたものは、キリスト教正統の思想家による、グノーシス論駁書の中に散見できるだけだ（ハンス・ヨナスがこの研究をしていたときには、上エジプトのナグ・ハマディでの、グノーシス派文書の歴史的な大発見は、まだおこっていなかった(8)）。

しかし、その消滅したはずのグノーシスの思想が、こともあろうに、二〇世紀思想の創造性のまっただなかに、さまざまな形をとって、あざやかな復活をとげているではないか。ニヒリズムの地下水脈が二千年の伏流をへて、現代のヨーロッパにみごとなよみがえりをはたしているのだ。グノーシス主義という古代の思想を理解する鍵は、現代の実存主義にあり、キリスト教世界が解体をはじめるまさにその臨界点に出現した現代の実存主義を理解する鍵は、グノーシス主義のなかにひそんでいる。ハンス・ヨナスは、たしかにこのとき、ひとつの「発見」をおこなっていたのである。

古代のグノーシスと現代の実存主義のいちばん大きな共通点は、その「反コスモス性」にある、とハンス・ヨナスは見ていた。たしかに、グノーシスは、地上に造られる健全なポリス国家に生きることを人間の理想とする、ギリシャ的な考え方を否定しようとしていた。ギリシャ人は、宇宙と人間の関係を、一元論的にとらえようとする傾向があった。そのために、大宇宙(コスモス)の秩序と、人間の作り上げる社会的な秩序とを、ひとつのものとして思考した。人間は社会の秩序のなかに生きている。そして、その頂点に立っているのが、ポリス国家だ。だから、ポリスの健全な市民であるとき、同時に、人は宇宙との調和のとれたコスモスの市民であることができる。ギリシャ人は、このように、社会を造る動物である人間の本性は、けっしてコスモスに「異和的」ではない、と考えたのだ。

ところが、グノーシスは、そういうコスモスへの信頼感を、信用していなかったのである。人間は、宇宙の秩序のなかにおさまることのできない、絶対的な「異和性」をもった生き物なのだ。人間の本質は、このコスモスには所属していない。それなのに、ギリシャ的な理想は、そういう過剰をかかえた人間を、自然や宇宙の秩序のなかに、はめ込んでしまおうとしている。それは、ハーモニーの感覚と快感原則に人を埋没させて、魂の眼を眠りこませようとすることになってしまう。だから、人間がみずからの魂の、本来の姿を保ちつづけようとするならば、その人は、コスモスに反して、生きなければならないことになるはずだ。コスモスの秩序のなかで、人は真実であることはできない——ここから、グノーシスに特有な二元論的な思考が発達することになったのだ。

ヨナスの考えでは、このような「反コスモス的」な思考が、近代のヨーロッパで奇妙な復活を果たしたのである。その出現の最初の兆候を、パスカルの思想にみいだすことができる。パスカルはギリシャ人とはちがって、星空を見上げて、恐怖感におそわれる人なのである。人間は、考える葦だ。それは宇宙の中に生きる、ちっぽけな生物にすぎない。宇宙はこのちっぽけな生物を押しつぶすのに、武装する必要もない。ちょっとした大気の変化がおこるだけで、この生物は簡単に死滅してしまう。しかし、そのとき、宇宙はそのことを知らないが、人間はそのことを知っている。この「知る」という能力において、人間は、コスモスの秩序に所属することがないのだ。それは、過剰をかかえて、コスモスからはみだしている存在だ。そして、そのことを知って生きるとき、人間は実存する。

ニーチェの思考を通過して、このパスカル的な「反コスモス」の思想が、現代の知的世界のまっただなかに、実存主義として、よみがえりを果たしているのである。現代の思想は、「神は死んだ」という言葉の意味を、深く考えぬくことのなかから成長してきた。それは、ニヒリズムを根本のトーンとしている。

キリスト教の神が(この神は、グノーシスの考える神ではなく、ギリシャ的なコスモスの思想を受け入れて、変化したのちの、正統キリスト教の神のことである)、まだ生きていた時代には、この宇宙にはまだ「意味」というものがあった。宇宙に存在しているものを探究していけば、人間はいつかは「真理」にたどりつくことができる、という信頼感だ。そこでは、人間は自分と同じように、神によって創造された自然の世界と、調和を保っていることが出来、そこでくりかえされる人生にも「意味」があった。ところが、これから先は、もうそういう神はいなくなるのだ。いままであんなに親しかった自然は、もうこれから先は、人間にたいして、まったくの無関心をしめすようになる。自然はもはや、科学や技術や生産にとっての「対象」としての顔しか見せなくなってしまう。自然と宇宙の中に、人間は人生に「意味」をあたえてくれるものをみいだせなくなる。世界は、ニヒリズムを原理として、回転していく。

そのために、現代の思考する精神は、自分のまわりに技術と産業をもってつくりだされていく新しい世界に、けっしてなじみきることができないのだ。古代のグノーシス主義者と同じように、このコスモスに埋め込まれることの拒否をとおしてしか思想は生まれないという状況が、あたりをとりまいている。そこで、ハイデッガーは、自分が親しみのもてない世界に、人間がまったく偶然に投げ込まれている(被投性)のだと自覚することによって、存在の「意味」が生まれ出てくる隠された根源にむかって、探究をつづけるようにして生きることを、実存主義として語ったのだ。

実存主義には、グノーシスに特有な、「反コスモス性」の特徴が、はっきりとあらわれている。ハイデッガーは、実存する人間を、空間からとりだして、時間のなかに移し変えている。「死」を自覚するとき、人間は自分が「時間的存在」であることを知るようになる。このとき、空間であるコスモスへの帰属を拒否された人間は時間化され、「ユダヤ人化」していく。人間と自然とのあいだには、裂け目ができてしまったのだ。だから、それをヘーゲルのように、「精神(ガイスト)」の一元論で統一することは、もはや不可能になった。人間は宇宙と自然のなかで、「異和的」な存在だ。だから、二元論こそが、ニヒリズムの現代を運命づける思考なのだ。この分裂から、人間はどのようにして、抜け出すことができるのか。

人間と自然のあいだに調和をとりもどし、一元論の思考にたちもどることによって？それはできない、とハンス・ヨナスは言う。

人はニヒリズムが人間を宣告づけるこの孤立した自己性への凝視から逃れて、一元論的自然主義にのり換えたくなるかもしれない。しかしそれは分裂だけでなく、人間としての人間性の観念をも廃棄してしまうであろう〔ヨナスはここで、現代のエコロジー思想を、予見しているのである〕。このスキュルラと、その双子の姉妹であるカリュブディスとのあいだで現代の精神は揺れ動いている。そこに第三の道——それによって二元論的な裂け目が回避され、しかも人間の人間性を維持するに足るだけの二元論的洞察が救い出されるような道——が開かれているかどうか、哲学はそれを見出さねばならないのである。(9)

ハイデッガーは、実存主義的な『存在と時間』の後、ここで言われている「第三の道」の探究に踏み込んでいった。だが、その探究は、不幸なことに、ナチズムと出会うことになる。グノーシスがキリスト教世界のなかにはじめて開いた、人間とコスモスとの裂け目は、いまだに縫合されていない。(10)

4

ハンス・ヨナスは、じっさいには書いたことよりも、もっと多くのことを知っていたのだけれど、グノーシスと実存哲学の共通性を指摘するだけでとどめておいた。しかし、彼の「発見」は、おもにドイツの若い学者たちを、おおいに刺激することになった。

彼らは、古代グノーシスの「末裔」を、ハイデッガーの実存哲学にとどめておかなかった。

彼らは探査の手を、近代思想の全域にまで拡大していった。その結果、彼らは驚くべき事実に出会うことになる。なんと、「ドイツ観念論」の全体が、グノーシスとしての特徴をもっていたのだ。(11)

ここでも、ベーメの思想に注目が集まった。無であり、無底である神から、自然と有限な精神が生まれでてくるプロセスを描くベーメの哲学が、あまりにも、ヴァレンティノス派の精神現象学に類似していたからだ。ヴァレンティノスは真実の神を、まったき充実(プレロマ)として表現した。そのプレロマの内部には、すでに矛盾が発生し、外性へのあこがれや苦悩が生まれ、それとともにしだいに、悪をはらんだ自然と精神があらわれてくる、複雑なプロセスが描かれたのである。

ベーメはカバラーの文献を知っていたから、そこに流れ込んでいるヴァレンティノス思想について、なんらかの知識をもっていた可能性はある。しかし、それよりも重要なことは、自然や有限な精神であるコスモスの秩序からはあふれでてしまう、過剰したまったき充実である「無」の神からすべてを出発させる、ふたつの思想がたどることになった並行現象である。無であり、無底である神は、このコスモスの基体でありながら、コスモスの内部にはない。コスモスには「底」がある。その「底」は、無底である無の神の内部に発生し、「底」をもとにしてつくりあげられるコスモスの内部にいると、もうこの無の神はとらえられなくなってしまうからなのだ。

『聖書』に説明されているコスモスの創造神や、ギリシャ哲学のいう創造主デーミウルゴスなどは、すべてこの「底」を根拠にして、立っている。しかし、真実の神は、そこにはいない。コスモスの創造神たちは、もともと無底である真実の神から、生まれ出たものでありながら、うぬぼれや自尊心によって、自分がたかだか「底」を根拠にした派生者であることを忘れて、われこそは創造の神、真実の神であると思い込むのだ。

グノーシス主義者は、この驕慢な創造神のしかける、いっさいの罠を逃れて、真実の神である、コスモスの外に立つ神を知らなければならない。コスモスのなかで認められている知識とか思考とか実践をとおしては、この外の神にたどりつくことはできない。そのためには、グノーシスが必要だ。グノーシスをとおして、人間は、自分の真実の本性にたどりつくことができるのだ。自然的なコスモスのなかにいるあいだ、すべての人間は「疎外」の状態にある。グノーシスをとおして、「疎外」態からの脱出を試みなければならない——このように考える、ヴァレンティノス派のグノーシス思想では、一元論と二元論がたくみに統一されることになっている。真実の神はひとつであるけれど、それは弁証法のプロセスをとおして、二元的な世界を、みずからの内部から、つくりだしてくるのだ。

ベーメのなかには、同じ思考の構造がある。彼は熱心なルター派のキリスト者であるから、唯一の神の存在しか認めない。しかし、その神は無底の神であり、「底」をもとにして形成される自然と精神現象には属していないのだ。そこで、ベーメもグノーシス主義者たちと同じように、その真実の神、無の神にたどりついていくために、ことばをとおした知が大切だ、と考えた。そしてその知の形態を、彼は「あるものの学(Wissenschaft des Etwas)」とよんだのである。

この「あるものの学」の精神を受けついだのが、ヘーゲルだ。彼の有名な「論理の学(Wissenschaft der Logik)」は、あきらかにベーメの創出した、ドイツ的にユニークな「あるものの学」を背景にしている。彼は、「論理の学」とは、「自然と有限的精神とが創造される以前の、永遠の本質における神の叙述」である、と語っている。ヘーゲルは、創造にさきだつ神の永遠の本質というものを、論理として、表現しようとしたわけだ。(12)

ヘーゲルの『エンチクロペディ』は、論理学、自然哲学、精神哲学の、三つの部分からなりたっている。このうちの論理学は、創造にさきだって活動する、神の本質の記述だ、というのだ。そして、この論理学から、自然や有限の精神が発生する。ということは、ヘーゲルの「論理の学」は、創造されたコスモスの外で活動をつづける、まったき充実としての存在が、みずから語りだすことばである、ということになるだろう。ヘーゲルの体系は、ヴァレンティノスの哲学とよく似て、キリスト教としての一元論の体裁をたもちながらも、そのじつは二元論なのだ。

そして、創造されたコスモスの外で活動する、この存在の「論理」のなかから、自然と有限精神が発生する。ヘーゲルは、それを「疎外」としてとらえている。ことばであるガイストは、創造とともに発生するから、自然と精神現象のうちにあって、それはいつも自分は故郷を失ってしまったという、疎外の感情をいだくことになるのだ。疎外されたものは、もういちど自分の真実の本性、真実の故郷にたちもどりたい、という欲望をいだいている。そして、この欲望が歴史を創出するのだ。

こうして、ヘーゲルは「歴史の終わり」を、体系のなかにセットする。疎外態であるガイストが、歴史の展開をとおして、ついにまったくの「客観」である理念にたどりつくとき、欲望を原動力とする歴史も終わるのだ。そのとき、ガイストは、ふたたび、創造の以前からあり、創造ののちも自然と精神現象の外で活動しつづけていた、存在の「論理」にたどりつくことになる。これが、ヘーゲルのいう「客観」だ。そこで、疎外は解消されることになる。ヘーゲルの体系は、こうしてみると、ユダヤ＝キリスト教の終末論とグノーシス主義を統一したものなのだ、ということがわかってくる。

ヘーゲルはグノーシスである彼の「絶対知」によって、人間を運命づけている疎外態からの解放が実現される、と考えている。マルクスによる、ヘーゲルの唯物論的転倒は、まさにその点で、実行されたのである。マルクスは、歴史のなかで疎外態を生きている、人間の本質について、ヘーゲルのこの終末論的グノーシスの視点を、ほとんどそっくり受けついでいる。しかし、疎外からの解放の実現という問題について、彼はヘーゲルの全体系を否定して、それを「唯物論的にひっくりかえした」のだ。

ヘーゲルの「絶対知」は、まだ「客観」ではない、と考えたのだ。それは「底」をもっていて、ヘーゲルは案外その「底」を、浅いところに設定してしまったのである。そのために、現実のプロシャ国家が、その絶対知の実現だなどと、語ってしまうことになった。しかし、ドイツ観念論の偉大な「伝統」である、このグノーシス主義を徹底させるとき、ヘーゲルは唯物論的に転倒されなければならない。自然と人間の精神現象が「創造」されるのにさきだって活動をつづける、「プレロマ(まったき充実)」のまったく別の形態が存在する。それが「物質」だ。

物質は「底」がなく、根拠もなく、まったき充実としての運動をつづけている。その運動のなかから自然が生まれ、その自然は、大きな脳をもった人間をつくりだす。この脳の動きは、自然の秩序にはおさまらない、異質性をそなえている。そこで人間は、自然とは異なる、歴史をつくりだすことになるが、実現された歴史のなかで、人間はいつも疎外された状態にある。

歴史は物質の運動につき動かされているから、疎外態をとおして、いつもそれは「客観」の実現にむかっていこうとする。そして、その「客観化」の運動のなかから、資本主義社会が生み出されてきたが、この社会の段階に達しても、まだ人間は疎外のなかにいる。なぜなら、資本家も労働者も、資本主義社会のなかでは、商品をつくりだす価値形態の運動と、それがつくりだすもろもろのフェティッシュに、隷従してしまっているからだ。そこから資本主義社会の内部から、それをくい破ってあらわれる、共産主義の運動というものが構想されることになる。

共産主義を、唯物論化されたグノーシス主義としてとらえることもできる。グノーシスは、人間がかかえる反コスモス性から、出発する思想だ。人間に実現されたこの大きな脳は、自然の秩序をはみだして、過剰していくものをかかえている。脳は反コスモス的なのだ。しかし、そのおかげで、人間は自然と精神の現象の奥にあるものの、純粋な力の運動を、ピュシスやゾーエーや無底の神として、とらえる能力を獲得しているのである。

グノーシス思想は、そこに根本的な二元論をみいだそうとしている。人間はコスモスの秩序におさまりきらない、過剰をかかえ、その過剰(これを、純粋な差異などと言ってもいい)の能力をとおして、自然的なコスモスの奥に、隠された真実の神を発見しようとしている。人間はしかし、生き物として、このコスモスにフィットして生きていく必要もある。人間がかかえている、このコスモス性と反コスモス性の分裂を、どのようにのりこえていくことができるか。ヴァレンティノス派の思想や、ベーメやヘーゲルの思想のなかには、グノーシスの悲劇性をのりこえようとする努力を発見することができる。(13)

同じ努力を、マルクスの思想に発見できるのだ。観念論と唯物論の対立に、そのひとつの表現をみいだすことができる。マルクスやレーニンにおいて、観念論は主観から出発するものとして、はじめから観念のコスモスを出ることがない。ところが、物質は主観を外に開いていく力をもった、無限の運動性なのだ。そこでは、物質の概念が、ピュシスやゾーエーと同じように、純粋な差異である、過剰性をあらわしている。そのために、哲学史のすべての局面に、彼らは二元論の裂け目を発見することになる。

マルクスやレーニンたちの考えでは、未知の来るべき唯物論だけが、その裂け目が悲劇的な分裂にひろがることをふせぐことができるのだ。それをとおして、反コスモス性をかかえた人間が、みずからの本質をそこねたり、ゆがめたりすることなく、自然の新しい秩序を形成していく可能性が、開かれてくるかも知れない。いや、それを実践によって、現実につくりだしてみなければならない。

こうして、レーニンの「党」思想は、着想されたのだ。彼は、いっさいの自然発生性を否定して、革命のアデプトたちによる前衛としての「党」を創出する必要を主張した。

そのとき、レーニンはたしかに、グノーシス的な発想につきうごかされている。反コスモス性が、その着想の原動力になっている。だから、「党」がその反コスモス性を喪失すれば、レーニン的な意味では、それはもう「党」である必要はなくなる。このとき、グノーシスはもろもろの「帝国」に、のみこまれていくのである。(14)

5

マルクス主義には、三つの源泉がある、といわれている。フランス唯物論、ドイツ観念論、そしてイギリス経済学だ。だが、レーニン主義の三つの源泉は、それとはちがう。古代唯物論、グノーシス主義、そして東方的三位一体論が、その三つである。

笑う人として、底なしの笑いに身をゆだねる人として、レーニンはまず資質において唯物論者だ。彼はこの思想を、おもにエンゲルスの著作から学んだが、彼自身の唯物論は、それをはるかにこえて、プラトン以前の哲学者たちの伝統に直結している。プラトンは唯物論者のデモクリトスを恐れていた。それは、デモクリトスが宇宙から一切の根源、いっさいの「底」を、とりのぞいてしまおうとしていたからだ。その唯物論的宇宙には、根拠をつくりだす土台がなく、すべては物質のクリナメンをはらんだ自己運動から生成されるのだ。プラトンはデモクリトスの存在を無視しつづけた。そのために、西欧形而上学の伝統のなかで、ながらくデモクリトスの思想は、見てみぬふりをされつづけたのだ(15)。

レーニンの「物質」は、デモクリトス的な徹底性をもっている。まずそれは底なしだ。どこまでいっても根拠にたどりつくことがない、無底の運動が、あらゆるものをつくる。そして、それは自己運動をおこなう。創造されたコスモスは、その「物質」の運動をもとにしてつくられてくるが、いったん構成されたコスモスは、自分にさきだって存在しているものを無視しようとする。ここには、創造の神はいない。だが、そこには弁証法的な「ロゴス」が活動している。その「物質」によって、レーニンは、西欧形而上学の破壊にのりだそうとするのだ。

また、彼の思想は本質において、グノーシス的である。それは、人間のかかえる反コスモス的な本性を出発点にして、コスモスの秩序にいどみかかる、革命の思想となった。ヘーゲルとマルクスの思想をとおして、レーニンは自分のグノーシス的な思想原型に、明確な表現をあたえた。ヘーゲルとマルクスには、ドイツ・イデオロギーの遺伝体質であるグノーシス性が、かたちを変えながら、しっかりと伝達されていたからだ。

レーニンの最大の独創は、革命を現実化するための「党」に、強力なグノーシス的性格をあたえたことにある。「党」は、職人的なテクネーをとおして、反コスモスの力を組織化しようとした。それは高い強度で灼熱する、純粋な流動体のようなもので、それがコスモスの支配を破壊していく。レーニンははじめて、グノーシス性に「実体性」をあたえることに成功した。しかし、その「党」は、レーニンの精神が衰弱すると同時に、たちまちにして変質をはじめ、硬直したさまざまな「党」からは、グノーシスのはなつ両義性の毒が流れ出すことになったのである。

さらに、レーニンの思想のなかには、東方的な三位一体論が流れ込んでいる。彼は『資本論』の理解をとおして、現実を分析するための三位一体的方法の深さを知っていたのだ。この東方的三位一体論は、ローマ的＝西方的なそれとはちがって、過剰せる反コスモスを、内側からつきうごかしている原理に、直接的な表現をあたえようとするものだ。

それは、ベーメによってドイツの思想的土壌に植えつけられ、ヘーゲルによって近代化され、マルクスが『資本論』のなかで、資本主義社会の本質を分析するために用いた。だが、それがレーニンによって使われると、ドストエフスキーがたたえた、あの思想のロシア性がそこによみがえってくるから、不思議だ。土くささを失っていない聖霊が、うごめきだすのである。マルクスの思想に潜在していた「聖霊論」的な本質が、レーニンの思想と人生において、実体化する。その「聖霊」の顔はもとどおり、はっきりと東方をむいている。

古代唯物論、グノーシス主義、東方的三位一体論。この三つの源泉をとおして、レーニンの思想は、西欧の思想の伝統のなかでは無視されつづけ、隠蔽され、抑圧されてきたすべてのものの流れに、結びついていくのである。彼の思想は、三重の意味で、西欧の外に触れているのだ。ロシアというものは、実体としては存在しない。それはヨーロッパと東方の境界面に発生する、現象のユニークさをさす言葉だ。同じように、レーニン思想も、実体としては存在しない。レーニンの共産主義思想は、西欧と西欧ならざるものの境界面に発生する、思想のユニークさにあたえられた名称なのである。

結び　恐がらずに墓へ行ったレーニン

レーニンがなくなった一九二四年、モスクワの小さな出版社から、『子供の庭』という題の一冊の小さな本が出た。その本には、ソヴィエトの子供たちの文章が集められていて、どの文章も、レーニンの生と死をテーマにしていた。五歳の女の子のものから、一五歳の少年のものまで、子供たちの文章は、レーニンという人物が彼らにあたえた印象をすなおに語っている。

ある子供は、モスクワの集会場で、レーニンの姿をはじめて見たときのことを、こう書いている。

彼は演壇にのぼりました。彼はじみな黒い服をきていたように思います。襟のおれたシャツにネクタイをし、頭にはひさしのある帽子をかぶっていました。彼はポケットから白いハンカチをだして、ひたいとはげた頭をふきました。イリイッチがいったことは思いだせません。どんなふうに話をするのかをみようとばかりしていました。**演壇のうえで彼は時どきうんと前かがみになりました。両方の手をまえにつきだ**

しました。ひげをいじって、それからまたひたいをふきました。よく笑いました。彼の顔をすっかりみました。彼のはな、彼のくちびる、彼の山羊ひげ。レーニンの話は、よく喝采でとぎれました。そのときは私もいっしょにワーッといいました。(1)

なんという正確な観察と描写だろう。ニュースの記録フィルムで見るレーニンは、じっさいに、こんなふうに演説している。彼は話しながら、ひたいと禿げた頭をハンカチでふく。演壇ではときどき、ずっと低く身をかがめる。両腕を前につきだす。笑う。そして、またハンカチでふく。

当時、キスロウォトスクにひっこんでいたトロツキーは、この本を読んで、子供たちの文章に、深く感動した。彼はモスクワの雑誌のために、さっそくこの本の書評を書いた。その短い書評は、生来の「書く人」であったトロツキーの書いた、もっとも美しい文章のひとつとなった。

そのなかで、トロツキーはある子供の書いた、つぎのような詩に注目している。

演説した人は、一人、二人、三人、四人、
たくさんの地方から、たくさんの国からです。
いちばん最後の人が最後のことばをいいました。

それから、レーニンはこわがらずに墓へいきました。(2)

トロツキーを驚かせたのは、この詩のなかの、「レーニンはこわがらずに墓へいきました」という表現だ。この表現には、レーニンの思想の本質が、まったく単純に要約されつくしているではないか、と彼は感じとったのだ。そこで彼はこう書いて、その詩をほめた。

小さな心は、イリイッチ・レーニンさえ墓にいかねばならぬという考えに、しめつけられた。しかし、すぐ明るい、救いのある考えが浮かんできた。**レーニンはこわがらないんだ。**レーニンはそれ以外でありえたか。生きているあいだ何ものも恐れなかった彼が、死を恐れるなんてことがあろうか。ここには何の神秘主義もない。幼い芸術家は偉大なチーフの像を、まったく単純に創造した。(3)

恐がらずに墓へ行くレーニン。じっさいこの表現は、単純にして、レーニンの思想の核心をつかみとっている。レーニンは死をおそれないだろう。それは、死が生とはちがう現実ではなく、生のさなかにあっても、死は生の「底」にむかって、たえまのない波を打ちよせ、そのために人は笑い、世界の客観に触れ、それを弁証法的に思考し、闘争をおこなうのだということを、レーニンの唯物論が、深く知りぬいていたためだ。「ここには何の神秘主義もない」。そのとおりだ。昔から多くの神秘家たちが語っているとおり、神秘のなかを生きているとき、そこにはもはや神秘などは存在しないからだ。すべてが透明で、明瞭だ。意識と真実をへだてる、どのようなベールも、そこには必要がない。

レーニンの思考は、無底である「物質」の運動そのものに触れていた。それと一体であることも、しばしばだった。だから、レーニンには、いっさいの神秘主義がないのだ。「物質」のなかでは、実存はもっとも本質的なエレメントしかしめさない。レーニンはただそれだけを見つめていようとしたから、彼の思考は、単純でもあった。

子供たちは、そのことに気がついていたのではないか。子供たちは、ついこのあいだ、生の世界に出てきたばかりだから、自分たちが後ろにしてきた、無の世界の記憶を失っていない。そのために、レーニンが生と死のむこうにある、なにものかに触れている人であると、直観したのではないか。

レーニンはそのなにものかを「物質」と名づけた。死はすべてのおわりではない。死をとおして、人間はふたたびその「物質」の運動のなかにもどっていく。だから、子供たちは、こううたうことができたのだ——レーニンは、恐がらずに墓へ行くのだ、と。

注

第一章　ドリン・ドリン！

（1）この言葉はゴーリキーを書評したトロツキー『レーニン』（松田道雄ほか訳、河出書房新社、一九七二年、四〇一頁）に出てくる。
（2）クルプスカヤ『レーニンの思い出（上）』岡林辰雄訳、青銅社、一九五二年、一四五頁。
（3）トロツキー、前掲書、三九八頁。
（4）トロツキー、前掲書、三九九頁。
（5）トロツキー、前掲書、三九九―四〇〇頁。
（6）クルプスカヤ『レーニンの思い出（上）』一三―四頁。
（7）フィッシャー『レーニン（上）』進藤栄一ほか訳、筑摩書房、一九六七年、三〇八頁。
（8）サドゥール『ロシア革命についてのノート』。この文章は、ドイッチャー『武装せる予言者・トロツキー』（田中西二郎ほか訳、新潮社、一九六四年、四二二―三頁）に引用されている。
（9）バタイユ『非‐知』無神学大全、第五巻、西谷修訳、哲学書房、一九八六年、九六頁。バタイユの非‐知の思想は、ヘーゲルの体系の極限において創造されたものであり、そのために同じようにヘーゲルの極限でつくりだされた、マルクス主義的な唯物論と深いつながりをもつことになった。
(10) バタイユ、同書、七二—四頁。
(11) バタイユ、同書、八二頁。

第二章　笑いと唯物論

(1) 以下のような会話が、実際にかわされたわけではない。一九〇八年四月になって、カプリ島にでかける直前に、レーニンはゴーリキーにつぎのような手紙を書いている。「そちらに行くことができるようになりました……しかしくりかえしますが、哲学と宗教については論じないという条件つきでです」(フィッシャー『レーニン(上)』八四—五頁)。実際、彼らのあいだで、哲学や宗教の話題は、あまりでなかった。そのかわりさかんにチェスをした。一枚の写真がある。レーニンとボグダーノフがチェスをして、ゴーリキー夫妻がそれを見ている、という写真だ。レーニンはこのときのチェス試合に負けてしまい、「子供のように怒って」いたのである。レーニンとボグダーノフが、マッハ主義やマルクス主義について話し合ったのは、ごくわずかだった。しかし、このときゴーリキーの別荘に集まった彼らの内心では、ここに想像されたような内容の、無言の激論がたたかわされていたのである。
(2) ルナチャルスキー、バザーロフ、ゴーリキーたちは、こののち「社会主義的建神主義」を提唱して、宗教とマルクス主義の結合をこころみることになる。彼らは、建神主義の名において、「最高の人間能力の神化」や「宗教的無神論」を語った。建神主義は社会に内在するロゴスそのものを、至上なものとする点において、フランス革命の時期に生まれた、理性を至高存在とする新しい合理主義の宗教を連想させる。ボグダーノフ的な「記号論的革命」の思想は、社会性に潜在する超越論的主観性を否定できない。それどころか、それに根拠をあたえようとするのだ。レーニンの唯物論は、そのような主観性を破壊して、「社会性」なるものに、まったく新しい地平を開いていこうとするものであった。

(3)　ボグダーノフの著作には、次のようなものがある。

『社会の心理学』(一九〇四年)
『経験一元論——哲学論文集』(一九〇六年)
『赤い星』(SFユートピア小説)(一九〇八年)
『生きた経験の哲学』(一九一三年)
『社会的意識の科学』(一九一四年)
『宗教から科学的一元論へ』(一九二三年)
『相対性原理の客観的理解』(一九二四年)
『テクトロギア』(全三巻)(一九二八年)

ボグダーノフは、きわめて広範な知的興味と知識と独創性をそなえた思想家であったことが、これからもわかる。彼は、ボリシェヴィキ随一の知識人と目されていたのだ。ボグダーノフの思想の独創性については、K・M・イェンゼンの研究がある(K. M. Jensen, *Beyond Marx and Mach: Aleksandr Bogdanov's Philosophy of Living Experience*, D. Reidel Pub., 1978)。

(4)　エンゲルス『自然の弁証法(二)』菅原仰訳、国民文庫、大月書店、一九五四年、二八二—

三頁。

(5) マッハ『力学』伏見譲訳、講談社、一九六九年、四三八頁。ただしこの訳文は、レーニン『唯物論と経験批判論(一)』(寺沢恒信訳、国民文庫、国民文庫社、一九五三年、四二頁)に引用されているものをとった。

(6) マッハ『感覚の分析』須藤吾之助・廣松渉訳、法政大学出版局、一九七一年、一一一二頁。ここでは、レーニン『唯物論と経験批判論(一)』(四四―五頁)に引用されている訳文をとった。

(7) ユシケヴィチ『経験記号論概説』からのこの文章は、レーニン『唯物論と経験批判論(一)』(二二四―五頁)に引用されている。

(8) ボグダーノフ『経験一元論』。この文章は、レーニン『唯物論と経験批判論(一)』(二二七頁)に引用。

(9) ボグダーノフ「プロレタリア的創造の道」(一九二〇年)、ジョン・ボウルト編著『ロシア・アヴァンギャルド芸術』川端香男里ほか訳、岩波書店、一九八八年、二一九頁。

(10) レーニン『唯物論と経験批判論(二)』一〇八頁。

(11) レーニン、同書、一〇七頁。

(12) エンゲルス『反デューリング論(一)』村田陽一訳、国民文庫、国民文庫社、一九五五年、五〇頁。

(13) レーニン『唯物論と経験批判論(一)』(一六一―二頁)に引用。

(14) レーニン『唯物論と経験批判論(二)』一一六頁。

(15) 「ブルジョア」の語源である「ブルグス」や「ブルゲンシス」は、いずれも外からの影響力を防いで、城壁の内部に快適な均質空間をつくりあげようとする、初期ブルジョアジーの精神構造を反映している。これについては、たとえば宮松浩憲『西欧ブルジュワジーの源流』(九州大学出版会、一九九三年)など。

第三章　ヘーゲルの再発見

(1)　西川正雄「第一次世界大戦前夜の社会主義者たち」、『帝国主義時代(二)』岩波講座　世界歴史　二三巻、岩波書店、一九六九年、二六一—九四頁。

(2)　「バーゼル宣言」の内容と分析については、レーニン「第二インタナショナルの崩壊」(『レーニン10巻選集　第六巻』大月書店、一九七一年、八一—四頁)に詳しい。

(3)　西川正雄、前掲論文、二九二頁。

(4)　パリの国立図書館まで、レーニンは自動車のあいだをぬって、自転車をこいでかよった。クルプスカヤは、そのために心配がたえなかった。彼女は書いている。「パリの街やパリの郊外を自転車で行くには、大へんな注意が必要だった。あるとき、イリイッチはジュヴィジへ行く途中、自動車の下敷きにされた。かろうじて飛び出すことができたが、自転車はめちゃくちゃにこわれてしまった」(『レーニンの思い出(下)』四七頁)。また、自転車をぬすまれたこともある。「そうこうしているうちに、イリイッチは自転車をぬすまれた。かれはこの自転車を国立図書館の隣の家の階段の上におき、保管料として一〇サンチームを女番人に与えたのだった。ところがあるとき自転車が見つからない。でも女番人がいうには、自分は自転車の見はりを引受けたわけではなく、階段の上におくことを承諾したばかりだ、とのことだった」(同、四六―七頁)。さんざんのパリ生活で、レーニンはまったくこの都市を気に入らなかった。
(5) クルプスカヤ『レーニンの思い出(下)』二二八―九頁。
(6) マルクス『資本論(一)』岡崎次郎訳、国民文庫、大月書店、一九七二年、四一頁。
(7) レーニン『哲学ノート(上)』松村一人訳、岩波文庫、一九七五年、一五五頁。
(8) レーニン『哲学ノート(下)』松村一人訳、岩波文庫、一九七五年、七七頁。
(9) レーニン、同書、八一頁。
(10) ヘーゲル哲学のもつ、「実在論」としての特質を、コジェーヴは強調した(コジェーヴ『ヘーゲル読解入門』上妻精・今野雅方訳、国文社、一九八七年、二二四頁)。そこで、彼はこう書いている。「ヘーゲルの絶対的観念論は通常「観念論」と呼ばれているものとは何の関係もない。通常の意味でこの種の用語を用いるならば、ヘーゲルの体系は「実在論的」であると言わねばならない」。
(11) ヘーゲル「フィヒテとシェリングとの哲学体系の差異」。この文章は、コジェーヴ、同書(二二五頁)に引用されている。
(12) ヘーゲルの哲学と現代哲学との内在的な結びつきと断絶については、Arkady Plotnitsky, *In the Shadow of Hegel: complementarity, history, and the unconscious*, University Press of Florida, 1993. など。
(13) ヘーゲル『大論理学(中)』武市健人訳、岩波書店、一九六〇年、七八―九頁。ただし、ここに引用したのは、レーニン『哲学ノート(上)』(九二―三頁)にある、松村一人による訳文。

(14)　レーニン『哲学ノート(上)』九三頁。

(15)　レーニン、同書、九六頁。

(16)　レーニン、同書、二〇四―五頁。

(17)　ヘーゲル『大論理学(下)』武市健人訳、岩波書店、一九六一年、三四七頁。レーニン『哲学ノート(上)』二〇四―五頁。また、同じ内容の違う表現を、ヘーゲル『小論理学(下)』(松村一人訳、岩波文庫、一九五二年、二三五―七頁)にみいだすことができる。

(18)　B. M. Kedrov, "On the Distinctive Characteristics of Lenin's philosophical Notebooks", *Soviet Studies in philosophy*, vol.9, 1970. この文章は、Raya Dunayevskaya, *Philosophy and Revolution*, Columbia University Press, 1973, p. 101. に引用されている。ラヤ・ドゥナエヴスカヤはメキシコにおけるトロツキーの秘書をつとめたこともある女性で、のちにアメリカにおいてマルクーゼたちとともに「人間主義的マルクス主義」の運動を展開した。彼女はこの本の中で『唯物論と経験批判論』におけるレーニンと、『哲学ノート』のレーニンの「切断」を強調した。多少ニュアンスはちがうが『哲学ノート』にいたるレーニンの「発展」を正確に位置づけたものとしては、許萬元『弁証法の理論(上)(下)』(創風社、一九八八年)がすぐれている。

(19)　Raya Dunayevskaya, *ibid.*, p. 101.

(20)　レーニン『哲学ノート(上)』一七七頁。

第四章　はじまりの弁証法

(1) クレメンス(アレクサンドリアの)『ストロマタ』第五巻第一四章。これは、レーニン『哲学ノート(下)』(一五一頁)に引用されている。
(2) ラッサール『エフェソスの暗い人――ヘラクレイトスの哲学』。これは、レーニン『哲学ノート(下)』(一五一頁)に引用。
(3) レーニン『哲学ノート(下)』一五一―二頁。
(4) レーニンはここで、西欧形而上学の「底」にふれているのである。ヘラクレイトスのような、プラトン以前の「はじまりの哲学者」たちは、存在を過剰するものをディフェランスとしてとらえていた。その運動が、プラトン以後の形而上学からは見えなくなってしまった。唯物論とは、その「底」を破ろうとする運動なのだ。
(5) レーニン『哲学ノート(下)』一五二―三頁。
(6) ハイデッガー『ヘラクレイトス』辻村誠三ほか訳、創文社、一九九〇年、一二七―八頁。
(7) ヘラクレイトスの『断片一六』に対してあたえられた、ハイデッガーの翻訳。
(8) ハイデッガーは、プラトンからニーチェにいたる西欧形而上学が、「有るものを有の光の内でのみ問いかけてきた」と考えているのである。有(存在)そのものを、あらかじめ問う必要のないものとしてではなく、「純粋な立ち現れ」を示す古いギリシャ語「ピュシス」にかかわらせながら、ハイデッガーはこの問いに向かおうとしている。

(9)　ピュシスとゾーエーを接近させてみることによって、「生」と「有」の本質的な近さが示される(ハイデッガー『ヘラクレイトス』一一五―一二三頁)。

(10)　イオニアの自然哲学の精神は、ディオニュソスと呼ばれるこの野生の神の祭りの本質と、深い結びつきをもっていた。そこでは、神秘はまだ神秘ではなく、生命と存在の充溢は、概念による思考から自由だった。ヘラクレイトスの思考がねざしているのは、そのような世界なのである。

(11)　ケレーニイ『ディオニューソス――破壊されざる生の根源像』岡田素之訳、白水社、一九九三年。

(12)　ピュシスは自然の中に立ち現れ、ゾーエーは生命をとおしてみずからをあらわにする。哲学という行為は、こうしたピュシスやゾーエーを、「ことば」をとおして「ことば」の中に、立ち現せようとするのだ。この点で、哲学と人類学と生物学は、共通の主題をもつことになる。しかしその主題は、プラトン的形而上学によっても、構造人類学によっても、科学主義的な生物学によっても、あらわにされることはない。それらの学問の真の結合は、いまだに実現されていない。

(13)　Raya Dunayevskaya, *ibid.*, note 220, p. 316. これはレーニン研究所の文書に記録されている。

(14)　この言葉は Raya Dunayevskaya, *ibid.*, note 221. に引用されている。

(15)　Raya Dunayevskaya, *ibid.*, p 117.

(16)　レーニン「戦闘的唯物論の意義について」、『マルクス主義の旗のもとに』第三号、一九二二年。これは、『レーニン10巻選集 第一〇巻』(二四九—五七頁)に所収。

第五章 聖霊による資本論

(1) ベーメの伝記については、南原実『ヤコブ・ベーメ——開けゆく次元』(哲学書房、一九九一年)、ヘーゲル『哲学史講義(下)』(長谷川宏訳、河出書房新社、一九九三年)など。
また、ベーメ思想の構造については、Pierre Deghaye, *La naissance de Dieu, ou, la doctrine de Jacob Boehme*, Paris, Albin Michel, 1985. Basarab Nicolescu, *La science, le sens et l'évolution: Essai sur Jacob Boehme*, Paris, Félin, 1988. など。

(2) マルクス『聖家族』(マルクス・エンゲルス全集、第二巻、石堂清倫訳、大月書店、一九六〇年、一三三—五頁)に、イギリスにおける唯物論的思想の発生が語られている。マルクスはこう書いている。「唯物論はイギリスの生みの息子である。すでにイギリスのスコラ学者ドゥンス・スコトゥスは、「物質ははたして思考することができないであろうか?」と自問している。……彼は神学そのものに唯物論を説教させたのである。そのうえ彼は唯名論者であった。唯名論はイギリスの唯物論者のあいだでは一つの主要な要素となっており、また一般に唯物論の最初の表現である」。

(3) マルクス『聖家族』一三三頁。

(4) レーニン『哲学ノート(下)』二一八頁。

(5) ヘーゲル『哲学史講義(下)』一八三頁

(6)　ヘーゲルは、『哲学史講義(下)』(一四四頁)で、プロテスタントの原理について語っている。彼は徹底してプロテスタントの思想家であり、すでに『精神現象学』において、キリスト教は、その完成態としてプロテスタントをめざすことが説かれている。

(7)　ヨハネ・グループと呼ばれる特殊な知的集団によって著されたと推測される、この福音書には、きわめて東方的なグノーシス思想の反響をききとることができる。そのためにこの福音書は、さまざまなグノーシス的なグループによって重要視された。正統派の立場から、この福音書のグノーシス的解読に論駁を加えた初期のものとして、オリゲネス『ヨハネによる福音注解』(小高毅訳、創文社、一九八四年)があり、ここにはグノーシス的解読の諸相が批判的にとりあげられ、記録されている。

(8)　ベーメの「あるものの学(Wissenschaft der Etwas)」については、大村晴雄『ベーメとヘーゲル』(高文堂出版社、一九八七年、九―二六頁)に詳しい。

(9)　一三世紀ドイツのマイスター・エックハルトは、ドイツ神秘主義の源泉として、のちのドイツ観念論の形成にも、大きな影響をあたえた。エックハルトは神を有(存在)としてではなく、無としてとらえた。その思想には、東方的な特徴があり、のちのユングやオットーに、仏教との比較を着想させることになったのである。

(10)　ベーメ『神の顕現の観察』。この文章は、南原実『ヤコブ・ベーメ』(八九―九〇頁)に引用されている。

(11)　南原実、同書、一〇三―四頁。

(12)　ヘーゲル『哲学史講義(下)』一八七頁。

(13) ヘーゲル、同書、一九〇頁。
(14) ベーメのこの言葉は、ヘーゲル、同書、一九四頁に引用されている。
(15) ベーメのこの言葉も、ヘーゲル、同書、一九四頁。
(16) ヘーゲル、同書、二〇一頁。
(17) ヘーゲル、同書、二〇一頁に引用されているベーメの言葉。
(18) ヘーゲルの歴史哲学の構造が、ヨアキム・ド・フィオーレの終末論的な歴史観と同じ構造をもっていることは、注目に価する。ヘーゲルは、ヘルダーリンとともに、このフランシスコ会の神秘家の、三位一体論的歴史観から大きな影響を受けたのである。Clark Butler, "Hegelian Panentheism as Joachimite Christianity", *in New Perspectives on Hegel's Philosophy of Religion*, ed. D. Kolb, State Univ. of New York Press, 1992, pp. 131-142.
(19) ロースキィ『キリスト教東方の神秘思想』宮本久雄訳、勁草書房、一九八六年、七五—一〇〇頁。
(20) 西方のラテン的定式では、パラドキシカルな三位一体論をさけて、「本性の統一性」を強調し、これによって、理解を容易にしようとしたのだ。この傾向は、昔からあった。ラテンと東方の思考上の対立は、数世紀にわたってつづき、ついに九世紀半ばに頂点に達したのである。この「フィリオクエ問題」については、数多くの文献がある。ここではユニークなものとして、次の文献を挙げておく。Cyriaque Lampryllos, *La mystification fatale : étude orthodoxe sur le Filioque*, Paris, l'Age d'homme, 1987.
(21) ヘーゲルは、『精神現象学』においてキリスト教のローマ帝国への受容を、「ブルジョア」

現象として説明している。ローマ帝国自体がブルジョア的であり、そこへ受容されたキリスト教も、ブルジョア的本質をもっているというのだ。コジェーヴ『ヘーゲル読解入門――『精神現象学』を読む』、八一―九頁。

(22) 東西教会の分裂の歴史的意味については、ロースキィ『キリスト教東方の神秘思想』、クレマン『東方正教会』(冷牟田修二ほか訳、文庫クセジュ、一九七七年)参照。

(23) このために、ドイツ観念論の「ガイスト」という言葉は、ラテン的な「エスプリ」とも「スピリット」とも翻訳不可能な特殊性をはらむことになったのである。この問題については、ハイデッガーとナチズムのつながりに関連して、最近でもデリダ『精神について』(港道隆訳、人文書院、一九九〇年)が論じている。「ガイスト」は日本語の「精神」ですらないのである。

(24) M・シュミット『ドイツ敬虔主義』小林謙一訳、教文館、一九九二年。

(25) 以下の文献が、この問題を主題としている。Olson, *Hegel and the Spirit*, Princeton University Press, 1992.

(26) ヘーゲル『小論理学(下)』松村一人訳、岩波文庫、一九五二年、一二七頁。

(27) ヘーゲル、同書、一三四―五頁。

(28) レーニン『哲学ノート(上)』一五一―二頁。

(29) レーニン、同書、一五二―三頁。

(30) この問題については、尼寺義弘『ヘーゲル推理論とマルクス価値形態論』(晃洋書房、一九九二年)がまとまっている。

(31) マルクス『資本論(一)』国民文庫、一〇一頁。

(32) 形態IIとは、「展開された相対的価値形態」のことである。マルクス『資本論(一)』国民文庫、一一八頁。
(33) マルクス『資本論(一)』国民文庫、一二三―七頁。
(34) マルクス、『資本論(一)』国民文庫、一六二頁。ただしこの訳文は、尼寺義弘『ヘーゲル推理論とマルクス価値形態論』(七六頁)に引用されているものをとった。

第六章　グノーシスとしての党

(1) レーニン『哲学ノート(下)』一九八頁。
(2) 無底の唯物論的空間に、「底」が発生すると同時に、最初のトポス観念といっしょに、やわらかい笑いとが生まれるプロセスについては、中沢新一『チベットのモーツァルト』(せりか書房、一九八三年)。
(3) バタイユ『至高性』湯浅博雄ほか訳、人文書院、一九九〇年。
(4) レーニン『なにをなすべきか? 新訳』村田陽一訳、国民文庫、大月書店、一九七一年。
(5) レーニン、同書、一二二頁。
(6) レーニン主義とグノーシス主義の比較研究は、七〇年代に大胆にすすめられた。なかでも注目すべきものは、A. Besançon, *Les origines intellectuelles du léninisme*, Paris, Calmann-Levy, 1973. である。著者はそこで、ロシア・インテリゲンツィアの知的形成にまで踏み込んで、グノーシスの痕跡を追跡しようとした。また、R. Aron, "Remarques sur la gnose lénin-

iste", in *The Philosophy of Order*, ed., P. J. Opitz and G. Sebba, Stuttgart, 1981. は、その視点を現代政治の解読に適用しようとしたもの。また、「グノーシスの全歴史」という観点から、レーニン主義にふれたものとしては、G. Filoramo, *A History of Gnosticism*, Cambridge, Blackwell, 1990. が興味深い。

(7) ハンス・ヨナス『グノーシスの宗教』秋山さと子ほか訳、人文書院、一九八六年。

(8) 一九四五年、エジプトのナグ・ハマディにおいて、大量のグノーシス主義関係の文書が発見され、グノーシス研究は画期をむかえた。しかし、その発見以前になされたヨナスの研究が、それによっていささかも価値を減ずることがなかったのは驚きである。

(9) ヨナス、前掲書、四五一頁。

(10) 『存在と時間』のハイデッガーは、あきらかに実存主義者であり、現代のグノーシス主義者であった(彼は存在についての二元論者ですらあったのだ)。だが、後期のハイデッガーは、空間と時間との二元論的な裂け目を縫合すべく、ドイツ的な大地性との結びつきを強めていくことになった。

(11) ヘーゲル哲学とグノーシス思想の関係をはじめて明らかにしたのは、フェルディナンド・クリスチャン・バウアー(一七九二―一八六〇)だった。彼が創立したチュービンゲン学派からは、その後もこのような視点にたつすぐれた研究があらわれ、ハンス・ヨナスの大著を受けて、若いハイデッガー研究家ヤコブ・トゥベス(Jacob Taubes)は、『西欧の終末論(*Abendländische Eschatologie*, Bern, A. Francke AG, 1947)』をあらわし、時間性の観念と歴史の終末観の関係を追求した。彼はマルクスにふれて、こう書く。「マルクスは資本主義的ブルジョア世界を破壊し、キルケゴールは、キリスト教的ブルジョア世界の破壊をもくろんだ」。エリック・フェーゲリン(Eric Voeglin)が、その視点をさらにおしすすめた。彼はプロテスタントの内部に、グノーシス的原理を発見し、そこからレーニン主義、スターリン主義の根源にまでせまろうとした(『学問と政治とグノーシス(*Wissenschaft, Politik und Gnosis*, Munich, Kösel, 1959)』)。

(12) 大村晴雄『ベーメとヘーゲル』一三―九頁。

(13) ヴァレンティノスは、純粋な強度である「プレロマ」の一元論に立つことによって、グノーシス的二元論を統一しようとする努力をおこなった。そのために、ヘーゲル哲学は、近代的なヴァレンティノス主義と批評されることになるのだ。ヘーゲルは、ラテン・キリスト教の正統的な一元論を、グノーシス的二元論と絶対的に統一しようとしたのである。

(14) レーニン『一歩前進、二歩後退』(平沢三郎訳、国民文庫、国民文庫社、一九五四年)や、レーニン『プロレタリア革命と背教者カウツキー』(平沢三郎訳、国民文庫、国民文庫社、一九五三年)を見ると、レーニンの構想した「党」のもつ、仮借のない非妥協性がはっきりとわかる。彼は反コスモス性の喪失や妥協を、「日和見主義」としてきびしく否定している。ここにはグノーシス的な思想の一貫性がある。

(15) デモクリトスが、同時代人から「笑う人」と呼ばれていたことを、思いおこそう。彼は古代世界最大の思想家の一人であったが、ニーチェが語るように、プラトンによって地下に埋められた。ここに、デモクリトスにつながる唯物論思想の現代性がある。古代唯物論こそ、最初の徹底した形而上学批判であったのだ。

結び　恐がらずに墓へ行ったレーニン

（1）トロツキー『レーニン』四二〇頁。
（2）トロツキー、同書、四二五頁。
（3）トロツキー、同書、四二五頁。

同時代ライブラリー版あとがき

révolt の語源——隠されたものをあらわにすること、何かを回帰させること、位置をずらすこと、失われた過去や記憶や意味を再構築すること……

中沢新一

沖縄本島から宮古島へ渡る客船の二等船室の中で、私は「唯物論」というものに、はじめて私なりの明確なイメージを抱くことができた。二〇年以上も前のことになる。私はそのとき、宮古島で一人の女性に会うのが目的だった。鉛色の曇天の下、二月の海はうねりにうねり、私の乗った船はまるで木の葉のように波にもまれながら、ゆっくりと時間をかけて、東シナ海を渡っていったのである。

私はその島で、神占いのユタを仕事としている、一人の女性に会って、どうしても確かめておきたいことがあったのだ。私は大学生で、卒業論文に南西諸島の夏の祭りに出現する、さまざまなタイプの仮面の神のことを取り上げることにしていた。どうしてそういうテーマを選んだのか、はっきりとは覚えていないけれど、たぶん折口信夫の神観念についての考え方への興味がもとになっていたのだと思う。有名な「まれびと」論において、折口信夫は日常生活の中では表象もされないし、あんまり意識もされないのに、一年のうちの特別の日の特別の場所に出現して、人々に重要ななにごとかを残して、また意識の外へと去っていく神のことを、印象深く語っている。私はこの神の出現の仕方に、深い関心を持った。

「まれびとかみ」のあり方は、精神分析学のいうforclusion(排除)の現象に、よく似ている、と私は思ったのである。心の中にわきあがってくる欲動が、なにかの理由で表象されることがないままに排除されて、いつもは意識にのぼってこないのに、それがなにかのきっかけで主体の中に回帰してくる現象が、forclusionである。この現象がおこると、たいがいの場合には、表象化されない、いわば形をなさない欲動が、いきおいよく噴出してくるために、その主体はパラノイアの幻想に苦しめられることになる。そのかわりに、パラノイアの中で、この主体は「直接的」に生命の振動に触れているような感覚をいだくようになる。

折口の語る「まれびと」の場合にも、いつもは表象から排除されているものが、特別な時と場所のうちに、不思議な、とても神秘的なすがたかたちを与えられて立ち戻ってくる、という現象がおこっている。「まれびとかみ」は奇妙な仮面を身につけ、全身を厚い植物の葉などでおおいながら、出現する。その様子は、とても幻想的であると同時に、その出現をまのあたりにしている人々は、なにかきわめてなまなましい実体に、なんのクッションもなく「直接」に触れてしまった、という不気味なヌーメン的体験をすることになるのである。

折口信夫はこういう表象から排除されたものの意識の中への回帰をあらわすようなカミのあり方が、日本人にはとても大きな意味を持ってきたのだ、と強調し続けた。ところが柳田国男は折口のこのちょっと不気味なところのある「まれびと」の考えが、大嫌いだったのである。柳田国男はそれを皮肉って、つぎのように語った。カミが遠くから訪れてくるという現象は、たしかにいろいろなところで報告されている。しかし、それは折口の考えているのとはちょっとちがって、カミの移動の現象として、すっかり理解しつくすことのできるものなのではないか。つまり、遠く離れたところに威力のあるカミがいたら、こっちへ迎えてこようというのが、庶民の自然の感覚で、そこから移動してくるカミ、まれな訪れをするカミという観念が発生したものなのであろう。だから、これに関して、折口のような、神秘的な考えをする必要はないのである、と。

ここには日本の民俗学をつくった二人の巨人の、精神構造のちがいがはっきりとあらわれている。柳田国男の移動するカミは、はじめから最後まで、表象の内部におこる現象として、あつかわれている。カミとは威力のまといついた表象のことなのであり、その表象が人々の意識の中を動いていくときに、さまざまな歴史の現象がおこる。これに対して、折口信夫は、表象から排除されたもの、ないしは表象化できなかったものの回帰という現象のうちに、カミの威力の源泉を見いだそうとしていた。人々の日常の意識をかたちづくる表象のうちに、それとはまったく質を異にしたものが、表象の系の外からまるで侵入を果たすようにして、立ち戻ってくる。そのときに、人々は幻想の中で、「まれびとかみ」の来訪を体験するのだ。リアルで不気味なものが、神々しいあらわれを果たすのである。折口信夫の「まれびとかみ」は、この意味でフロイト的なのだ。

南西諸島には、その「まれびとかみ」が、さまざまなパターンで出現することが、知られている。とくに八重山諸島の実例は、以前から民俗学者たちの関心を集めてきた。そこでは「まれびとかみ」の本質が、まるで典礼規範のようにくっきりとした形で、造形的に表現されているからである。このカミは夏、南島の村々に死者の霊が立ち戻ってくる盆の祭りの前後に、あらわれてくる。死霊とこのカミとの内面的なつながりを、人々ははっきりと意識している。どちらも、潜在(ヴァーチャル)の世界の住人で、それが現実(アクチュアル)の世界に、同じような時期に、立ち戻ってくるのである。しかし、先祖の死霊は、かつてはひとりの人間として、この現実の世界の中に名前も場所も系譜も持っていたもので、しかも死を迎えたときには、きっぱりと生者の世界との別れを告げるための、きちんとした葬式の儀式もいとなまれて、「死者」という表象の中に、無事におさめられてきた。

ところが、この季節に大がかりなしつらえのうちに、厳粛な出現を果たすさまざまな「まれびとかみ」の場合には、それが何者であるかも、どこからやってくるかも、よくわからない。日常的な暮らしが続けられているときには、それらのカミは不在のままだし、そういうときにはめったに意識にものぼってこない。しかも人々はなるべくそれに形も居場所もあたえないでおこうとしている。つまり、死者の場合以上に、このカミは表象化の働きから排除されているのだ。

そのカミが、特別な時と場所と人々のしつらえの中に、粛々として、あるときには暴風のように出現してくるのだ。男性ばかりで構成された秘密結社が、それを迎える。カミは深い森の奥から、不気味な仮面をまとい、全身を森の植物でおおいながら、小刻みにからだをふるわせながら、厳粛に出迎える人々の前にあらわれてくる。正確に一年ぶりで戻ってきたカミを、人々はなつかしい気持ちと、神秘的なおそれの感情とがいっしょになった不思議な感覚で出迎えるのだ。そして、この名付けようもない、表象と表象されないものとの境界存在のようなカミは、ひとしきり出迎えの場での舞踏を終えると、また厳かに森の奥へと消えていく。それを見送る人々の目には、涙さえ浮かんでいる。めったなことでは姿形をもってあらわれたりしない、自分の魂にとってのもっとも大切なものが、束の間目の前にあらわれては、こうしてふたたび地平の外へと消えていこうとしている。このカミは、いったい何者なのか。

私が宮古島に住むそのユタにどうしても会って、直接に話を聞きたかったのは、この女性が八重山諸島に出現するこれら仮面神をめぐる、秘密の鍵を握っているように、思われたからだった。その女性についての記事を、私は小さな民俗学雑誌に、映像作家の北村皆雄の書いた報告書の中に見つけた。その文章を一読して、私は考古学者が発掘現場で信じられない発見をしたときのような、驚きとよろこびを感じたのである。そこには、いままで聞いたこともないような「まれびとかみ」(八重山島の古見という、この仮面神の祭りで有名な村では、そのカミは「赤マタ黒マタ」と呼ばれている)の起源神話が、語られていた。そして、ユタの語るその神話は、このカミの出現をまのあたりにした私たちが感じる、不思議な印象の核心に迫っていく、本質的な問題をはっきりと語り出していたのだ。話の要点だけを、かいつまんで話そう。

この「赤マタ黒マタ」のカミがいったい何者なのかという質問に対して、この仮面神の送迎を独占的に取り仕切っている男性だけのつくる秘密結社の長老たちは、それが天の神であるとか、先祖神であるとか説明することが多い。この「まれびとかみ」は日常生活の中では、表象化もされないし、意識化もされないものなのに、男たちはそれを超越神や先祖神として、表象の中に納め込んでしまおうとしているのである。ところが、北村皆雄の報告している、このユタの女性は、そういう伝承をいいかげんなつくり話として、決然として否定するのだ。そして、まったく性質の異なる別の神話を、情熱的に語りはじめるのだった。

それによると、今日「赤マタ黒マタ」と呼ばれているカミは、もともとは前触れもなく消息を絶った、村の少年の死霊なのである。あるとき、一人の子供が山に入って、行方知れずになってしまった。村人総出でこの子の行方を探したが、いつまでたっても見つからず、とうとうこの子は山で迷って死んでしまったものとして、捜索は打ち切られ、葬式も出された。ところが、この子の母親だけは、どうしてもあきらめがつかなかったのである。母親はこの子がまだどこかで生きているような気がして、仕方がなかった。夜となく昼となく、母親はいなくなった子供に、心の中での呼びかけを続けた。するとある夜のこと、彼女の家の戸をホトホトと叩くものがいる。不審に思った母親が出てみると、なんとそこには死んだはずのわが子が立っているではないか。驚いた母親は、その子に呼びかける。すると、その子はこう応えた。

「なつかしいおかあさん。ぼくは死んでこうして霊になってしまったのです。でもぼくはおかあさんに会いたい。だからこれからもときどきこうして会いに来ますね」

そう言うと、声の主はかき消すように、どこかに消えていってしまった。

そういうことが何度も続いた。そのうちに、このことは村でもだんだんと評判になっていったが、そのうちに村の知恵者が、ひとつの重要な事実に気がついた。死んだ子供の霊が、母親のもとを訪れた年には、きまって稲の稔りがいい。ところが、死者の霊が戻ってくる夏の季節になっても、この子の霊がやってこない年には、不作に見舞われている。この統計的事実に基づいて、村の男たちは考えた。子供の死霊が、毎年毎年、安定して出現するには、どうしたらいいだろうか。それには、あの母親の子供に対する思いだけに頼っていてはだめだ。もっと確実な方法で、子供の霊を村の中に出現させる方法はないか。そこで、男たちが思いついたのが、仮面のカミの創造だったのである。

これからは、男たちが毎年、仮面を着け、森の植物で全身を覆って、子供の死霊になりきって、村の中に出現するという儀式を執り行うことにしよう。そうすれば、もっと安定したやり方で、その年の豊作を約束することができる。こうして、その年から、男たちが秘密のうちに仮面をまとい、森の奥からカミを迎える儀式がはじまった。そのおかげで、安定した稲の稔りが約束されるようになった。ところが、子供を失った母親には、逆に悲しみがもたらされた。子供の霊を表象した仮面のカミがつくられたその年から、きっぱりと子供の死霊は母親のもとにはあらわれなくなってしまった……

この報告を読んだとき、私はそこにフェミニズムと精神分析学に関わる、重要な問題が隠されていることを、感じたのである。折口信夫は「まれびとかみ」を、表象から排除されたものの意識の中への回帰の現象として、とらえていた。「赤マタ黒マタ」について、このユタの語る「異端的」な神話には、そのことがなによりもなまなましい、具体的な状況として語り出されているのである。

その男の子供は、突然に母親の前から姿を消したのである。母親と子供の間につくりだされていた想像的な欲望は、そのとたんに行き場を失ってしまった。生身のわが子も失われてしまった。しかも母親はそんなわが子の死を信じることができず、葬式をすませてきっぱりと死者という表象の中に、行き場を失った愛の欲望を送り込んでしまうこともできないでいる。表象化されないままの欲望が、行き場をなくしたまま空中に浮遊している。そんな母親の前に、ある日、死霊が「直接」に出現するのだ。

子供の霊は、ひとつのリアルとして、母親の前にあらわれてくるのである。そして、母親の心に直接ことばを書き入れるようなやり方で、語りかけをおこなっている。精神分析学ならば、この状況をあきらかなforclusionの現象として説明するだろう。つまり、子供と母親の間につくりだされるナルシス的な愛の関係が、よりどころとなる表象を失って、いったん見えなくなってしまうが、それがあるときを境にして、突然の回帰を果たすようになる。そのときには、表象から排除された心的エネルギーは、幻影をつうじて相手の心に直接的なリアルな書き込みをおこなうようなやり方で、回帰を果たすのである。

ところが、その回帰には「経済的な利得がある」と見抜いた社会が、それを利用しようとする。いままで母親の心に直接の語りかけをおこなっていた子供の死霊を、仮面のカミとして表象化の手にゆだねようとする人々がでてくると、とたんにリアルなものとしての死霊の出現はなくなっていく。この瞬間から、すべては表象と記号の世界の中で進行していくようになるのだ。その管理は、男たちだけが独占的におこなう。そして、いつのまにか自分たちの前に出現して、その年の豊穣を約束して去っていくこのカミの本質が何であったかさえ、知られなくなってしまうのだ。祭りの中で、「赤マタ黒マタ」という安定した表象をもつ何者かが、厳かに出現しているように見えるけれど、本当はその儀式すべての下に、もっと重要な現実が隠されてしまっている。ここで本来の主役は、この場から排除されている女性と子供そのものなのだ。男たちが中心になってつくる社会は、そのことに気づかないふりをしている。そして、象徴を円滑に操作することによって、社会と自然の力の制御をおこなおうとしている。

ユタであるその女性は、このことのすべてに激しくプロテストするために、東京からやってきた映像作家に、あの異端的な神話を語ってみせたのだろう、と私は推量したのだ。彼女がどうして、八重山を去って宮古島に移住したのか、その理由を私は知りたかった。それに彼女の語っているその神話を、彼女自身はいったい誰から知ったのだろうか。それに結社の男の長老たちがこぞって、彼女の語っているような、そんな話は出鱈目だと言い張っている理由は、なんなのか(私には、このユタが語っている神話が、個人的な創作だとは到底思えない。これとよく似た仮面神の登場する祭りの起源を語る神話として、アメリカインディアンたちが、まったく同じつくりの話を語っているのを、私は知っているからだ)。

ここには、表象と政治との隠された秘密の関係が、はからずもあらわになっているのではないか。この地上に、どこにも牧歌的な世界などはない。人間がことばを持つ生き物であるかぎり、表象の系はいつもなにかを隠し、そのかわりになにかの力を掌中におさめてきた。表象はたえまないノイズを散布して、人々の耳を悪くすることにたけている。そのために、仮面の背後、記号の深層、ことばの下部でおこっている現象のリアルから、人々の耳も目も遠ざけられてしまうのだ。だが、そのとき、ノイズの厚い雲を突破して、レーニン風の言い方をすれば、おそるべき「客観」のほうに抜け出ていってしまおうとする、少数だが勇気のある人々がいる。彼らはそれによって、排除されたり、忘れ去られたり、どこか見えないところに押し込まれてしまったものを、ふたたびこの世界に回帰させようとするだろう。もしも、révolt ということばに、このさきも何かの意味があるとしたら、それはこのような取り戻しや回帰のための行為のことだけを、意味することになるのではないか……こうして、大揺れに揺れる二等船室の船底に、横になって船酔いに耐えている私の頭には、さまざまな疑問や推論が、渦を巻いていた。

そのときなのである。私ははじめて「唯物論」ということばに、私なりの明確なイメージを抱くことができたのだ。唯物論は、表象の系によって排除されてある現実(リアルなもの)に、意識が直接に手を触れていくための作業ないし探究をあらわしている、と私は思った。このイメージからすれば、さまざまな形をした「まれびとかみ」たちなどは、じつに洗練されたやり方で社会がおこなっている、ひとつの唯物論的探究である、ということになるだろう。それは折口信夫がまったく正しく考えていたように、ことばにもどんな形象にも描かれることのない、表象の系の外にあるもの、あるいはそこから排除されてしまっているリアルを、時と場所を決めて、人々の意識の前に浮上させようとする祭りである。そのとき、厳粛な気持ちで、このリアルの回帰を待ち受ける人々の前に、表象の縁《へり》が大きな口を開けて、浮上してくるのだ。その縁からは、人とも動物とも植物ともなんともつかない怪物が、顔をあらわす。それに触れて、こんなカミを迎えようなどという、優しい心を失っていない人々は、ことばによって意識化された世界の裏側に、とてつもない広がりをもった、もうひとつの領域の実在を、はっきりと感じ取ろうとしていたのである。

表象の系に排除されたリアルの回帰をめざす実践こそが、唯物論なのである。じっさい若いマルクスも『聖家族』などの中で、唯物論をそのような実践として、描こうとしている。唯物論はギリシャにはじまる西欧の思考の歴史のなかで、たしかなひとつの知的伝統をかたちづくっていて、その流れは一度も途絶えたことがない。それなのに、西欧哲学（西欧形而上学）の本流から、それは徹底的に無視され、排除されてきた伝統なのである。西欧に発達した形而上学の伝統は、表象のシステム（系）がふるう力に、絶大の価値づけをおこなってきた。そのために、それは表象の表象として、人々の意識のなかで絶大な信頼と力をふるってきた。真理でさえ、そこでは矛盾のない表象として、言い表されなければならないのである。

この表象の表象としての伝統から、徹底的に排除されたもの、それが唯物論だった、とマルクスは語っている。その伝統の確立に大きな影響をあたえたプラトンは、同時代の哲学者デモクリトスの学説のみならず彼の存在までも、徹底的に無視しようとした。それはデモクリトスが、表象の系としての形而上学を打ち立てようとするプラトンらの前に、不気味な唯物論の思想を持って、立ちふさがっていたからである。その思想は、表象が物質的リアルを隠す働きを持つことを、暴いていた。それはひいては形而上学そのものの根拠を、揺るがそうとしていた。そこで、プラトンは自分の書くもののなかに、ただの一言もデモクリトスの名前とその思想があらわれない、という方法で、思想そのものの消滅をめざした。プラトンは唯物論のターミネーターとして、これからつくられることになる形而上学の表象系のなかから、唯物論は徹底して排除されなければならない、と正しくも理解したのである。

今日の唯物論は、とそこでマルクスは語ることになる。今日の唯物論は、この無視され、排除され、隠されてきた古代以来の伝統を、いまに呼び戻すことによって、西欧の思考を支配し続けてきた形而上学の土台を揺るがそうとして、復活をとげようとしている。そこでは二重の排除の取り除きがおこなわれることになるだろう。ひとつは、西欧の思考のなかに、排除され隠されてあった別の伝統を回帰させることであり、もうひとつは、それを通して表象の支配攻勢から自由になった、新しい主体を創造するのである。

マルクスによって、このように語られた唯物論は、よく言われる物質主義などとはおよそ縁がない。それはこう言ってよければ、物質と精神の区別さえも廃止しようとする思想なのだ。そしてその廃止を通して、これまで表象から排除されてきた、無限の広りを持つひとつのリアルが立ち上がる。私はそういう実践のひとつの表現を、人類の古い来歴を持つ「まれびとかみ」の祭りのなかに、感じ取った。そして、大揺れに揺れる船底で、私はこれから会おうとしているユタの激しくプロテストする魂のなかに、唯物論的な精神が本来はらんでいる、あらがいのほとばしりを予感したのだった。

私はそのとき唯物論というものを、時間の外にある絶対的にアーカイックなものの立ち戻りのための実践として、イメージしたのだと思う。唯物論とは、文化によってあらかじめ表象の系からはずされ、排除されているために、人々の意識から隠され、見えないもの、記憶されないものとなってしまったモノ(これこそがモノ自体ではないか)の立ち戻りと回帰をめざした、ひとつの反抗(révolt)の形態なのだ。そのときどきの社会において支配的な表象の系によって、時間の外に追いやられたもののすべて、もっと言うといっさいの「はじまり」の状態にあったものの立ち戻りをめざした運動が、唯物論と呼ばれるものなのだ。

その意味では、『失われた時を求めて』の中で、プルーストは彼の流儀での唯物論的探究をおこなっていたのであるし、革命の前夜に、国家の死滅を予言する有名な論文を書いていたレーニンは、そのとき近代の世界ではいっさいの表象化の手がかりを奪われて、時間の外に追いやられていた、人間のつくりうる社会の「はじまり」であり「完成」でもあるひとつの像を、人々の意識の中に回帰させようという唯物論的反抗に、突き動かされていたのだ。数学者のポアンカレが、のちにカオスと呼ばれることになる力学が、彼の目の前で信じられないほどに複雑な運動をはじめるのを目撃していたとき、彼は数学の内部に、これまで表現から排除されてきた、とてつもなくアーカイックななにかが浮上しようとしている、唯物論的な瞬間を体験していた……

荒れる海。その海に木の葉のように翻弄される汽船。波しぶきの向こうに、ようやく島影があらわれる。このとき私はたしかに、いずれこの『はじまりのレーニン』という本を書かなければならない、人生の軌道に入ったのである。

一九九八年一月十日

岩波現代文庫旧版あとがき

中沢新一

岩波現代文庫におさめられるのを期に、ほとんど十年ぶりに『はじまりのレーニン』を丹念に読み返してみて、考えが大きく変わったり、ここは修正しなければ、などと感じた箇所がひとつもみつからなかったことに、むしろ驚いたほどだった。ソ連邦の崩壊という大事件の直後に、東欧やロシアのいたるところでレーニン像が引き倒されるのを横目で見ながら、この本は書かれている。そのため出版されるとすぐに、この本が毀誉褒貶にさらされることになったのも無理からぬことで、当時レーニンにたいして少しでも好意的な意見などを披瀝しようものなら、たちまち袋だたきにあいそうな雰囲気が、世の中にはみなぎっていた。それでも私はこの本を書かなければならないと思った。なにがそうさせたのか、いまだに深層の動機は本人にさえ不明の部分が大きいが、書かれている内容については、まぎれもなく私の思想の連続体の上にあるもので、これを修正しようとか、否定しようとかいう気持ちはさらさらわいてこない。そんなわけで、まったく手を入れることなく、初出時そのままのかたちで、文庫版として送り出すことにした。

この本は大きくふたつの部分でなりたっている。はじめの部分では、レーニンの表象理論がテーマになっている。一九世紀の後半から、西欧では文字通り「革命的な」表象理論が、社会的良識の抵抗を押しのけて登場してきた。マルクス、フロイト、ニーチェという三人の名前が、そうした革命的表象理論を代表する。この新しいタイプの表象理論では、表象とリアルの不整合をまっさきの前提にすえる。表象は言語的なものの連鎖からなる。そのためにリアルの真実を、その全体性でとらえることができないのである。「言葉はつねに欲望の真実を語り損ねる」(ラカンによって表現されたフロイトの思想)、「解釈から実践への哲学の転位」(マルクス)など、彼らは真理と表象をひとつにむすびつけようとしたそれまでの哲学を否定して、無限のリアルにむかって進められる不断の実践の過程そのもののなかに、真実のほとばしりを見いだそうとしたのである。

レーニンの思想はあきらかに、このような革命的表象理論の陣営に属している。レーニンはキリスト教の信仰を否定したが、それはキリスト教がリアルの真理(それが神と呼ばれたものである)を媒介する表象的存在(キリストの存在がこれにあたる)にもっとも重要な価値をあたえる、ひとつの表象理論としてつくられているからであった。レーニンはこの「媒介による表象の体系」を破壊して、それを無媒介的な力の体系におきかえようとしたのである。そのときレーニンの抱く世界イメージは、イスラム教のタウヒード神学やスピノザの表現理論などに、かぎりなく接近していくことになる。私はそのことを、笑うレーニンの姿をとおして、描き出そうとした。

後半の部分では、グノーシス思想の構造との対比で、レーニンの革命思想の特徴を取り出そうとする試みがおこなわれている。グノーシス型の思想は、これまで人類学などが「秘密結社」と呼んできた、古代的な「組合(アソシエーション)」の伝統に直結している。組合の原理は、共同体をつくりあげている構造原理と対立しあっている。秘密結社のような組合に参加するためには、共同体でその人が得ていた社会的地位や富の分配の不均衡からくる社会的格差などを否定して、全員が平等な資格をもって組合メンバーとなる。そのうえで、抽象的な数の原理にしたがって、新しい組織体をつくるのである。組合の内部では、さまざまなしがらみに縛られている外の共同体ではとうてい実現できないような、徹底した思考の自由が追求される。そのために、組合はしばしば極端な純粋主義に突き動かされるようになる。これが革命的な政治結社の原型であり、人々をおそれさせたレーニンのボリシェビキ党は、このような組合型の原理をかつてないほどに徹底させた組織として、実現されている。

かつての人類の社会では、このような組合型の組織とそれを包み込む共同体の組織とが、おたがいを補うような形で共存してきた。共同体が夢見ながらもサステナブルな組織としては実現できない「理念(イデアル)」を、人々は短い時間の間だけつくられる組合型の組織のなかで、現実化しようと試みてきた。共同体の現実のなかでは、不完全な「改良」しか可能ではないのに、理念に突き動かされる組合は、それを完全な「革命」にまで徹底しようとする。このような理念的な組合型組織が、さまざまな教団や修道院やサンガとして、共同体的な現実のまっただなかに存在しつづけてきたことによって、人類は自分の可能性として「偉大さ」や「崇高さ」や「純粋さ」のイメージを、明確に保ち続けることができた。「共産主義」は、そういう組合型の組織の抱いた近代のイデアルの一形態にほかならず、それが決定的に失われた現在、人類はみずからの未来へのビジョンを喪失してしまったように、感じられている。

そこで『はじまりのレーニン』である。私はレーニンのことが好きだが、レーニンのことを手ばなしで賛美したことなど一度もない。ただ、レーニンは人類の組合型思想の歴史のなかでも、希有の存在であることを強調したかっただけである。レーニンを嘲笑したり、無視したりすることで、私たちはなにか重大なものを失う。レーニンを忘れてはならない。それがこの本で語りたかったメッセージである。

二〇〇五年五月二六日

唯物論の未来——新版あとがきに代えて

中沢新一

『哲学ノート』のレーニンは、「観念論」のレッテルを貼られていたヘーゲル哲学が、世間で言われているのとは大違いで、むしろ昨今もてはやされている「唯物論」のほうが、はるかに硬直していて愚かだということに気づいて驚いている。レーニンは「物質」という言葉で、猫の背中のように柔軟で自在に姿を変えていくものを、思い描いていた。したがってそういう柔軟で自在な物質の本性を捉えようとする哲学的な思考だけが、唯物論の名に値すると考えていた。そういう唯物論哲学は自分の属している陣営からは現れることがなく、むしろ敵の陣営の哲学者であるはずのヘーゲルによって、すでにほぼ完全な形で実現されていたのである。

この「発見」は、レーニンの思考にめざましい飛躍をもたらした。その意味では、『哲学ノート』に記されたレーニンの思考は、ロシア革命の思想的源泉の一つとなったものでありながら、実現された革命ロシアによってこっそりと否定され隠蔽されなければならなかったような内容を含んでいる。ソ連の御用哲学者たちを困惑させたその内容には、未来に実現されるはずの「モノの時代」を見据えた、新しい思想が埋め込まれている。

現代はまさしくモノと情報の支配するその「モノの時代」であり、モノをめぐる新しいマテリアル哲学の出現が求められている。レーニンの『哲学ノート』は、そのような現代人の求めている未来の唯物論のために、いくつもの重要な示唆をはらんでいる。

まず第一に、レーニンが見抜いたように、ヘーゲル哲学は観念論ではないのである。唯物論が客観世界の実在を主張するのは当然であるが、ヘーゲル哲学も客観世界の実在を認める。唯物論もヘーゲル哲学もともに「実在論」の立場に立っている。それはつぎのようなヘーゲルの描くところからも確証できる。

主観的なものだけでも、客観的なものだけでも(それだけでは)意識を満たさない。純粋に主観的なものは、純粋に客観的なものと(まったく)同じく(一つの)抽象されたものである……主観と客観との同一性があるため、私自身を措定するときと同じ(主観的)確信でもって、私は私の外に物を措定する。私自身が確実に現存在しているように、物もまた(主観にとり)まったく確実に現存在している。(ヘーゲル『フィヒテとシェリングとの哲学体系の差異』)

ヘーゲルは、物自体の実在について語ることを自らに禁ずるカントや、物は知覚の複合であるとする経験論の哲学者たちが観念論であるという意味では、まったく観念論的ではない。その哲学は主観の外の物の実在をはっきり認め、主観は弁証法的思考を介して自分の外にある「客観的実在」を認識可能であると考える。ヘーゲルは明確に「実在論」に立つ哲学者であり、この点が唯物論者レーニンに深い共感をもたらした。

『ヘーゲル読解入門』の中でコジェーブが述べているように、「ヘーゲルの**絶対的観念論**は通常「**観念論**」と呼ばれているものとは何の関係もない。通常の意味でこの種の用語を用いるならば、ヘーゲルの**体系**は「実在論的」であると言わねばならない」。しかもその「客観的実在」は、自らに内蔵された矛盾によって自己運動をおこない、相互の組み合わせを変換しながら、たえまない変化を続けている。このような「客観的実在」を認識しうるためには、主観もまた矛盾を内蔵させ、自己運動しながらたえまなく変化していく能力を備えているものでなければならない。ヘーゲルの描き出す主観も客観も、ともに実在論的であるばかりでなく、変容を受け入れる驚くべき柔軟性を本質としている。

そこから「実践(praxis)」という概念の重要性が浮かび上がってくる。主観と客観を結びつけ媒介するものとしての実践である。主観はそれを取り囲んでいる社会で容認されている、常識やイデオロギーによって大きな影響を受ける。そこで貨幣を中心に動いている資本主義に育った人間の主観は、思考や欲望までが均質で計算性を重視する構造につくられることになる。

このような構造につくりあげられた主観は、「客観的実在」としての世界の実相を、正しく認識することができない。そこで実践の回路を介して、主観を客観的現実の運動に合わせて、つくりかえていく必要がある。客観的現実は主観の外に独立して実在していることによって、モノ世界をつくりあげている法則性に忠実である。それにじかに触れる事によって、主観の構造は揺るがされ、くつがえされ、自己変革を起こしていくことになる。主観にはそのような自己変革に耐えうるような柔軟性が備わっており、実践をつうじて主観と客観はある種の「同調」を実現できるようになる。それがレーニンの理想とした「唯物論的人間」のイメージにほかならない。

レーニンがヘーゲル哲学の中に、驚嘆と賛嘆をもって見出したものが、この柔軟性にほかならない。それはじつは現代の哲学者たちが「可塑性(plasticity)」という概念で、ヘーゲル哲学の中から取り出そうとしているものにほかならない。カトリーヌ・マラブーが『ヘーゲルの未来』(西山雄二訳、未來社、二〇〇五年)という研究の中で、この問題に現代的な光をあてている。

可塑性の概念はギリシャ哲学者にはなじみの深いもので、それというのもギリシャが彫刻芸術のさかんなところであったことに関係している。この言葉は「加工する」「造形する」「形をあたえる」などの意味につながっていて、粘土をこねて壺をつくったり、大理石を削って石の中から形をとりだす(造形する)作業などを連想させる。また傷を負った生き物が自力で身体組織の再生をおこなえる能力も、この可塑性の概念に含まれる。

ヘーゲル哲学は「弁証法」と並んでこの「可塑性」の概念を中心に組織されている。可塑性は、未熟な主観が自分「固有の考え」に固まった状態を捨てて、普遍的な概念に近づいていける能力のことをさしている。ここで言われている普遍的概念はまた「客観的実在」と同じであるから、未熟な主観が客観に触れることによって、自分固有の考えの恣意性を乗り越えていく過程でもある。

これはまた哲学的思考の基礎でもある。ヘーゲル自身がそれについて『精神現象学』の序文にこう書いているのを、マラブーが引用している。

> 哲学的論述は、ひとつの命題の諸部分(主語と述語)が普通の仕方で関係し合うのを厳密に排除するようなものであるときに、初めて可塑的なものに行き着くだろう。

「哲学的命題を考察する通常の方法とは、命題の主語を、自分の偶有性を産出することなくこれらを外部から受け入れるような固定した審級として思考することである」(マラブー前掲書)。普通の仕方で関係しあっている命題の諸部分に、それまで命題の外部に置かれていた偶有的要素が入り込んでくるとき、もともとの命題は自己変容を起こして、より高められた主語‐述語関係へと変わっていく。こういう可塑性のない哲学的概念は、ヘーゲルにとっては死物も同然で、このようなヘーゲルの思考に出会うたびに、レーニンのノートには「すばらしい！」の一語が書き加えていかれたのである。

興味深いことに、このような思考の過程にあらわれる可塑性とまったく同じ性質をもったものが、生命現象と神経組織にも発見されている。免疫のシステムが備えている可塑性の能力がなければ、そもそも生命現象そのものが存在できない。またニューロンの内部では電気変位によるロジカルな情報形成と伝達がおこなわれているが、その情報は化学物質でみたされたシナプス間隙を渡らなければ、つぎのニューロンには伝わらない仕組みになっている。シナプスの内部では液状の物質による化学変化によって、情報が伝達されていくために、その間隙では情報の統辞論を攪乱する偶有性の入り込む可能性が、つねに開かれている。つまり免疫プロセスにも神経伝達過程にも、偶有性と可塑性とが本質的な要素として組み込まれているのである。

現代科学によって解明されてきたこうした諸事実を、レーニンが知ることができたとしたら、彼の『哲学ノート』はさらに豊かな内容をもつものとなっていっただろう。レーニンがヘーゲル哲学の中に見出して狂喜したものこそ、現代の哲学と科学が追い求めている世界の「実在性」とその「可塑性」をめぐる諸問題の、まさに核心部分にほかならない。『哲学ノート』は、ロシア革命の現実とその帰結を越えて、いまだに青白い炎を発している。

『はじまりのレーニン』のこのたびの新版化にあたっては、岩波書店編集部の中西沢子さんのひとかたならぬご配慮とご尽力を得た。デザイナーの奥村靫正《おくむらゆきまさ》さんは本書の最初の版の装丁者であるが、今回も手持ちの資料の中から表紙カバーのためにレーニンの図版を貸してくださった。この場を借りて深い謝意をお伝えする。

二〇一七年九月一日

本書は一九九四年六月、岩波書店より単行本として刊行され、一九九八年二月、同時代ライブラリーに、二〇〇五年六月、現代文庫に収録された。現代文庫新版刊行に際し「革命の源泉としての唯物論——新版のための序文」と「唯物論の未来——新版あとがきに代えて」を付した。底本には二〇〇五年の現代文庫旧版を用いた。

新版 はじまりのレーニン

2017年10月17日 第1刷発行

著 者 中沢新一《なかざわしんいち》

発行者 岡本 厚

発行所 株式会社 岩波書店
〒101-8002 東京都千代田区一ツ橋2-5-5

案内 03-5210-4000 営業部 03-5210-4111
現代文庫編集部 03-5210-4136
http://www.iwanami.co.jp/

印刷・精興社 製本・中永製本

ISBN 978-4-00-600368-5 Printed in Japan

岩波現代文庫の発足に際して

新しい世紀が目前に迫っている。しかし二〇世紀は、戦争、貧困、差別と抑圧、民族間の憎悪等に対して本質的な解決策を見いだすことができなかったばかりか、文明の名による自然破壊は人類の存続を脅かすまでに拡大した。一方、第二次大戦後より半世紀余の間、ひたすら追い求めてきた物質的豊かさが必ずしも真の幸福に直結せず、むしろ社会のありかたを歪め、人間精神の荒廃をもたらすという逆説を、われわれは人類史上はじめて痛切に体験した。

それゆえ先人たちが第二次世界大戦後の諸問題といかに取り組み、思考し、解決を模索したかの軌跡を読みとくことは、今日の緊急の課題であるにとどまらず、将来にわたって必須の知的営為となるはずである。幸いわれわれの前には、この時代の様ざまな葛藤から生まれた、人文、社会、自然諸科学をはじめ、文学作品、ヒューマン・ドキュメントにいたる広範な分野のすぐれた成果の蓄積が存在する。

岩波現代文庫は、これらの学問的、文芸的な達成を、日本人の思索に切実な影響を与えた諸外国の著作とともに、厳選して収録し、次代に手渡していこうという目的をもって発刊される。いまや、次々に生起する大小の悲喜劇に対してわれわれは傍観者であることは許されない。一人ひとりが生活と思想を再構築すべき時である。

岩波現代文庫は、戦後日本人の知的自叙伝ともいうべき書物群であり、現状に甘んずることなく困難な事態に正対して、持続的に思考し、未来を拓こうとする同時代人の糧となるであろう。

（二〇〇〇年一月）

G339
書誌学談義 江戸の板本
中野三敏

江戸の板本を通じて時代の手ざわりを実感するための基礎知識を、近世文学研究の泰斗がわかりやすく伝授する、和本リテラシー入門。

G340
マルク・ブロックを読む
二宮宏之

現代歴史学に革命をおこし、激動の時代を生きたブロック。その波瀾万丈な生涯の軌跡と作品世界についてフランス史の碩学が語る。〈解説〉林田伸一

G341
日本語文体論
中村明

日本語の文体の特質と楽しさを具体的に分かり易く説いた一冊。日本語の持つ魅力、楽しさが、作家の名表現を紹介しながら縦横に語られる。

G342
歴史を哲学する
―七日間の集中講義―
野家啓一

「歴史的事実」とは何か？ 科学哲学・分析哲学の視点から「歴史の物語り論」「歴史修正主義論争」など歴史認識の問題をリアルな講義形式で語る、知的刺激にあふれた本。

G343
南部百姓命助の生涯
―幕末一揆と民衆世界―
深谷克己

幕末東北の一揆指導者・命助の波瀾の生涯をたどり、人々の暮らしの実態、彼らの世界観、時代のうねりを生き生きと描き出す。

2017. 10

G344
〈物語と日本人の心〉コレクションⅠ
源氏物語と日本人 ―紫マンダラ―
河合隼雄
河合俊雄編

『源氏物語』の主役は光源氏ではなく、紫式部だった? 臨床心理学の視点から、現代社会を生きる日本人が直面する問題を解く鍵を提示。〈解説〉河合俊雄

G345
〈物語と日本人の心〉コレクションⅡ
物語を生きる ―今は昔、昔は今―
河合隼雄
河合俊雄編

日本の王朝物語には、現代人が自分の物語を作るための様々な知恵が詰まっている。河合隼雄が心理療法家独特の視点から読み解く。〈解説〉小川洋子

G346
〈物語と日本人の心〉コレクションⅢ
神話と日本人の心
河合隼雄
河合俊雄編

日本人の心性の深層に存在する日本神話の意味と魅力を、世界の神話・物語との比較の中で分析し、現代社会の課題を探る。〈解説〉中沢新一

G347
〈物語と日本人の心〉コレクションⅣ
神話の心理学 ―現代人の生き方のヒント―
河合隼雄
河合俊雄編

神話の中には、生きるための深い知恵が詰まっている! 現代人が人生において直面する悩みの解決にヒントを与える「神々の処方箋」。〈解説〉鎌田東二

G348
〈物語と日本人の心〉コレクションⅤ
昔話と現代
河合隼雄
河合俊雄編

昔話に出てくる殺害、自殺、変身譚、異類聟、夢などは何を意味するのか。現代人の心の課題を浮き彫りにする論集。岩波現代文庫オリジナル版。〈解説〉岩宮恵子

2017.10

G349
〈物語と日本人の心〉コレクションVI 定本 昔話と日本人の心
河合隼雄
河合俊雄編

ユング心理学の視点から、昔話のなかに日本人独特の意識を読み解く。著者自身による解題を付した定本。〈解説〉鶴見俊輔

G350
改訂版 なぜ意識は実在しないのか
永井均

「意識」や「心」が実在すると我々が感じる根拠とは？　古くからの難問に独在論と言語哲学・分析哲学の方法論で挑む。進化した永井ワールドへ誘う全面改訂版。

G351-352
定本 丸山眞男回顧談(上・下)
松沢弘陽
植手通有編
平石直昭

自らの生涯を同時代のなかに据えてじっくりと語りおろした、昭和史の貴重な証言。読解に資する注を大幅に増補した決定版。下巻に人名索引、解説(平石直昭)を収録。

G353
宇宙の統一理論を求めて
―物理はいかに考えられたか―
風間洋一

太陽系、地球、人間、それらを造る分子、原子、素粒子。この多様な存在と運動形式をどのように統一的にとらえようとしてきたか。科学者の情熱を通して描く。

G354
トランスナショナル・ジャパン
―ポピュラー文化がアジアをひらく―
岩渕功一

一九九〇年代における日本の「アジア回帰」を通して、トランスナショナルな欲望と内向きのナショナリズムとの危うい関係をあぶり出した先駆的研究が最新の論考を加えて蘇る。

岩波現代文庫［学術］

G355
ニーチェかく語りき
三島憲一

ニーチェを後世の芸術家や思想家はどう読んだのか。ハイデガーや三島由紀夫らが共感した言葉を紹介し、ニーチェ読解の多様性を論ずる。岩波現代文庫オリジナル版。

G356
江戸の酒
―つくる・売る・味わう―
吉田元

酒づくりの技術が確立し、さらに洗練されていった江戸時代の、日本酒をめぐる歴史・社会・文化を、史料を読み解きながら精細に描き出す。〈解説〉吉村俊之

G357
増補 日本人の自画像
加藤典洋

日本人というまとまりの意識によって失われたものとは何か。開かれた共同性に向けた、「内在」から「関係」への〝転轍〟は、どのようにして可能となるのか。

G358
自由の秩序
―リベラリズムの法哲学講義―
井上達夫

「自由とは何か」を理解するには、「自由」を可能にする秩序を考えなくてはならない。法哲学の第一人者が講義形式でわかりやすく解説。

G359-360
「萬世一系」の研究（上・下）
―「皇室典範的なるもの」への視座―
奥平康弘

新旧二つの皇室典範の形成過程を歴史的に検証、日本国憲法下での天皇・皇室のあり方について議論を深めるための論点を提示する。〈解説〉長谷部恭男（上）、島薗進（下）

G361
日本国憲法の誕生　増補改訂版
古関彰一
第九条制定の背景、戦後平和主義の原点を見つめながら、現憲法制定過程で何が起きたかを解明。新資料に基づく知見を加えた必読書。

G363
語る藤田省三
―現代の古典をよむということ―
竹内光浩
本堂明
武藤武美 編
ラディカルな批評精神をもって時代に対峙し続けた「談論風発」の人・藤田省三。その鮮烈な「語り」の魅力を再現する。岩波現代文庫オリジナル版。〈解説〉宮村治雄

G364
レヴィナス
―移ろいゆくものへの視線―
熊野純彦
レヴィナスが問題とした「時間」「所有」「他者」とは何か？　難解といわれる二つの主著のテクストを丹念に読み解いた名著。〈解説〉佐々木雄大

G365
靖国神社
―「殉国」と「平和」をめぐる戦後史―
赤澤史朗
戦没者の「慰霊」追悼の変遷を通して、国家観・戦争観・宗教観こそが靖国神社をめぐる最大の争点であることを明快に解き明かす。〈解説〉西村明

G366
貧困と飢饉
アマルティア・セン
黒崎卓
山崎幸治 訳
世界各地の「大飢饉」の原因は、食料供給量の不足ではなく人々が食料を入手する権原（能力と資格）の剝奪にあることを実証した画期的な書。

岩波現代文庫[学術]

G367
アイヒマン調書
―ホロコーストを可能にした男―

ヨッヘン・フォン・ラング編
小俣和一郎訳

ナチスによるユダヤ人殺戮のキーマン、アイヒマン。八カ月、二七五時間にわたる尋問調書から浮かび上がるその人間像とは？
〈解説〉芝 健介

G368
新版 はじまりのレーニン
中沢新一

西欧形而上学の底を突き破るレーニンの唯物論はどのように形成されたのか。ロシア革命一〇〇年の今、誰も書かなかったレーニン論が蘇る。

2017.10